관계와 삶을 바꾸는
기질 심리학

관계와 삶을 바꾸는
기질 심리학

조연주 지음

Booksgo

추천사

이 책이 매력적인 것은 MBTI, TCI 등 기질 검사에만 머무는 것이 아니라 다양한 심리학 이론을 일상적 언어로 해석하여 삶의 어느 한순간에 어떤 장점과 한계를 만들 수 있는지 설득력 있게 조망하고 있기 때문이다.

기존에 기질에 대한 책이 대부분 아동 발달 및 부모 양육의 문제로만 다루어져 온 관점에서 벗어나 성인 역시 자신의 기질을 이해하고 수용함으로써 삶의 모든 영역에서 의미 있는 길을 찾을 수 있도록 체계적으로 설득하고 있다. 이러한 관점은 '평생 성장하는 인간'이라는 현대 심리학의 핵심 가치와도 결을 같이하고 있다.

저자는 다양한 실제 상담·강의 사례, 워크숍 경험 그리고 기질 및 성격검사 기반의 심층적 분석을 통해 독자 각자가 자기 삶의 본질, 즉 자신만의 '마음의 모국어'를 발견하도록 손짓한다. 사회에서 요구하는 모습이 아닌 '있는 그대로의 나'를 존중하며, 각기 다른 기질이 지니는 강점과 취약성이 어떻게 드러나고 가꿔질 수 있는지 균형 잡힌 시각을 제공하고 있다. 특히 가족 사이, 나아가 조직, 사회적 맥락까지 아우르며 주어진 환경과 맞지 않아 힘들어하는 이들에게 자기 비난 대신 관용을 가질 수 있는 용기를 전하고 있기에 이 책을 집어 들었다. 그리고 담대하게 추천한다.

한동대학교 | 심규진 교수

〈기질로 보는 심리학〉 강의는 대학원에서 상담 심리치료와 상담학을 배운 평생교육사가 오랜 바람을 현실로 만든 결과물이다. '심리학'이라는 단어가 주는 거리감과 어려움을 줄여 누구나 쉽게 접근할 수 있는 강의를 기획하고자 했고, 이를 실제로 구현하기 위해 교육, 상담, 강의, 연구 등 다양한 영역에서 전문성을 갖춘 강사를 찾고자 했으나, 그런 사람을 찾는 것은 쉽지 않았다. 그렇게 꿈같던 기획은 조연주 작가님을 만나 강의로 탄생할 수 있었고, 많은 학습자에게 큰 사랑을 받으며 다양한 주제의 '기질 심리학 시리즈' 프로그램으로 확장되었다. 훌륭한 강의가 한 권의 책으로 엮여 누구나 만나 볼 수 있게 되어 매우 기쁘고 의미 있게 느껴진다.

〈관계와 삶을 바꾸는 기질 심리학〉은 기질과 성격에 대한 깊이 있는 이해를 통해 '나'를 들여다보고, 자신은 물론 주변 사람들과의 관계를 성찰하도록 돕는다. 나아가 자신이 속한 가정, 조직, 사회 같은 다양한 집단 안에서의 위치와 관계를 되짚어보며, 더 건강하고 성숙한 관계로 나아갈 수 있는 구체적인 방향을 제시한다. 특히 이 책은 MBTI나 DISC 같은 검사 결과를 통해 사람의 유형을 구분하는 것에 그치지 않고, 각자의 기질과 성격을 이해하고 존중함으로써 관계를 더 깊고 넓게 확장할 수 있는 통찰을 제공한다.

어렵게만 느껴졌던 심리학 이론과 용어들을 실제 사례와 일상적인 언어로 풀어내어 누구나 공감하며 쉽게 읽을 수 있도록 구성된 점 또한 이 책의 큰 강점이다. 우리는 가족, 직장, 사회 등 다양한 집단 속에서 살아가며 관계의 갈등과 고민을 피할 수 없다. 그러한 현실 속에서 이 책은 우리가 방향을 잃지 않도록 도와주는 나침반이 되어 줄 것이다. 나와 타인에 대한 이해와 건강한 관계에 대해 고민하고 있다면, 이 책을 꼭 읽어 보기를 추천한다.

〈기질로 보는 심리학〉 강의 기획자 | 오진석

프롤로그

괜찮은 어른이 되고 싶어서

"아빠는 뭐가 되고 싶었어? 되고 싶은 사람이 됐어?"

영화 〈태풍이 지나가고(2016)〉에서 태풍이 몰아치는 날, 동네 놀이터 미끄럼틀에 앉아 아들 싱고가 아버지 료타에게 물었다. 료타는 아직 되지 못했다고 답했다. 되고 못 되고는 중요한 게 아니라 그런 마음을 품고 살아가느냐가 중요하다고 말한다. '아직' 되지 못했다는 료타의 말이 끝나지 않고 지속되고 있음을 보여 주는 것 같아서 어쩐지 안심이 되었다. 이 영화는 우리에게 자신이 되고 싶었던 어른에 대한 메시지와 질문을 던진다.

"지금 당신은, 당신이 꿈꾸던 어른이 되었나요?"

영화 속 등장인물들은 어린 시절 자신이 꿈꾸던 모습의 어른이 되지 못했다. 영화는 되고 싶었던 어른이 되지 못한 그들이, 어른이 되고 현재의 시간을 어떻게 받아들이고 마주하고 있는지 보여준다. 우리는 어떨까? 되고 싶었던 어른이 되었다고 말할 수 있는 사람이 얼마나 있을지 모르겠다. 10대 고교생에게 "당신 같은 어른은 정말 되고 싶지 않다"라는 말을 들은 료타가 "되고 싶은 어른이 된다는 게 그렇게 쉬운 일이 아니다"라고 발끈하는 모습은 삶이 내 뜻대로 되지 않아 괴로운 우리가 하고 싶었던 말이 아닐까.

고레에다 히로카즈 감독이 시나리오 맨 앞장에 썼다고 알려진 문장처럼 모두가 되고 싶었던 어른이 되는 건 아니다. 그러나 지금 자신이 바라던 어른의 모습이 아니어도 괜찮다. 당신의 기질을 이해하고 수용하는 과정을 알게 된다면 내가 바라던 모습에 한 걸음 가까워질 수 있다. 다행히 '아직' 끝나지 않았다.

내가 바라는 모습을 꿈꾸는 일에는 어떤 이의 간섭도 방해도 없지만, 실제 삶에는 수많은 난관과 이해관계가 얽혀 있다. 부모님의 기대와 그에 따른 책임감, 친구와 지인들의 관심을 가장한 충고와 참견, 동료들과의 경쟁, 세상 사람들의 시선, 나를 가장 힘들게 하는 나 자신과의 싸움까지, 신경 쓰이는 것들이 너무나 많다. 그러다 보면 진정 내가 타고난 모습으로, 꿈꾸는 모습대로 살아간다는 게 결코 쉬운 일이 아니다. 초반에 이런 얘기를 하는 이유는 인간의 타고난 기질을 이해하는 일이 대부분 아이 기질을 파악해서 부모가 아이를 잘 키우기 위한 양육법에만 집중되어 있는 것이 안타까운 마음이 들어서다.

기질은 유전자에서 나오는 생물학적이고 본능적인 인격의 일부로 여겨진다. 유전으로 물려받은 특질에서 나오기 때문에 쉽게 변하지 않고, 어떤 식으로든 계속 남아 있다. 이미 성인이 되었고 바뀌지 않는다고 해서 어쩔 수 없는 것이 아니다. 자신의 기질을 파악하면 자신과 타인에 대한 이해와 더불어 노력할 수 있는 부분을 찾아볼 수 있다. 기질은 늘 자신 안에 남아 있기 때문에 그것을 외부로 어떻게 발휘할지는 스스로 조율할 수 있다. 물론 그렇게 되기 위해서는 자신의 기질 파악과 이해, 수용하는 과정을 통해 훈련이 필요하다. 현재 성인들은 어린 시절에 이런 과정을 경험하지 못한 사람들이 많다.

기질은 나의 바탕이자 기초가 된다. 기질에서 성격이 나오고 성격에서 행동이 나온다. 그래서 자신을 이해하기 위해서는 무엇보다 기질을 먼저 알아야 한다. 강의와 심리검사, 상담, 코칭을 통해 다양한 사람들을 만나는 나는 습관적으로 사람들의 표정과 행동을 관찰하는 버릇이 있다. 그것을 통해 기질과 성격, 감정에 대한 힌트를 얻는 경우가 많다.

이 책은 〈기질로 보는 심리학〉 강의 내용을 정리한 것이다. 강의를 통해 수강생들에게 성인들도 기질의 의미와 자신의 기질을 탐색하고 이해하기에 늦지 않았다는 용기를 주고 싶었고, 기질이 우리의 삶과 대인 관계에 미치는 영향에 대해 전달하고 싶었다. 한 학기 동안 진행되는 강의를 통해 모든 것을 알기란 어렵지만, 적어도 그동안 살아오면서 놓치고 있었던 중요한 한 부분을 알게 된다는 것만으로도 의미 있는 경험이 될 것으로 생각했다. 그리고 나와 가족, 친구, 동료, 지인에 대한 이해와 대인 관계에 많은 도움이 되었다는 피드백을 받았다.

강의 첫 시간에 이 강의를 신청한 이유에 대한 이야기를 나눈 적이 있었다. '내가 어떤 사람인지 아직도 모르겠다(자기이해)', '어느 분야로 취업 준비를 해야 할지 모르겠다(진로)', '배우자와 자꾸 부딪히는데, 도대체 뭐가 문제인지 모르겠다(부부 관계)', '관계로 인한 스트레스로 힘들다(사회생활)', '이상하게 항상 친구한테 당하는 기분이 드는데 애매해서 뭐라 말도 못하고 혼자 속앓이를 한다(친구 관계)', '자꾸만 반복되는 연애 패턴에 지쳤다(연인 관계)', '기질 이해로 자식들과 갈등을 줄이고 싶다(부모-자녀 관계)', '모임에서 유독 나를 건드리는 사람이 있는데, 나 때문에 모임이 깨질까 봐 이러지도 저러지도 못해서 고민이 된다(대인 관계)' 등 자신과 타인에 대한 기질 이해를 통해 관계가 개선되길 바라는 마음이었다. 그중에서 제일 오래 여운이 남았던 말이 있었다.

"저는 그냥 나이 들어가는 사람이 아니라 진짜 괜찮은 어른이 되고 싶어요. 그러기 위해서 배우고 노력하고 싶어요."

내가 되고 싶었던 진짜 어른이 되는 방법은 자기를 이해하고 끊임없이 노력하는 수밖에 없다. 그래도 현재진행형이라는 게 얼마나 다행인가. '아직' 우리에겐 기회가 있다.

 이 책에 소개된 다양한 사례는 〈기질로 보는 심리학〉 수강생들의 질문과 함께 나눈 이야기, 심리검사 워크숍 참여자, 개인 심리검사 해석 상담, 코칭 등의 경험에 기반을 두고 재구성되었으며 일부 등장인물의 이름은 가명임을 밝혀 둔다. 이분들이 있었기에 기질에 대해 더 깊이 연구할 수 있었고, 실제 우리가 겪으며 살아가는 생생한 이야기를 담을 수 있었다.

 무엇보다 이 책은 강의 시간 내내 한시도 눈을 떼지 않고 열심히 필기하고 질문하던 수많은 수강생의 요청으로 시작되었다. 덕분에 이 책의 내용을 강의하고 저술하는 동안 제가 더 많이 배우고 성장할 수 있었던 귀한 시간이었다. 수강생들과 함께해 주신 참여자분들께 이 자리를 빌려 진심으로 감사드린다. 부디 이 책이 우리 사회의 많은 사람에게 자신과 관계를 이해하는데 작은 도움을 줄 수 있기를 바란다.

조연주

차례

| **추천사** |　　　　　　　　　　　　　　　　　　　　　004
| **프롤로그** | 괜찮은 어른이 되고 싶어서　　　　　　007

chapter 1
마음의 봄 : 내면의 언어

- 마음의 모국어를 찾아서　　　　　　　　　　017
- 서로 다른 마음의 언어　　　　　　　　　　　023
- 기질의 빛과 그림자　　　　　　　　　　　　030
- 우리가 기억하지 못하는 첫 번째 봄　　　　　036
- 착함의 역설 : 선의가 상처를 줄 때　　　　　042

chapter 2
숨겨진 뿌리 : 흔들림의 시작

- 통제 너머에 숨겨진 불씨   051
- '집중'이 아닌 '조절'의 문제   058
- '실수'가 아닌 '선택'   066
- 마음의 미세한 진동   073
- 질투의 대상과 거리   080

chapter 3
새싹의 숨결 : 변화의 바람

- 백조의 옷을 입은 까마귀   091
- 열정이 만든 불완전한 약속   097
- 드러냄의 미학, 취약성이라는 선물   104
- 미성숙한 뇌가 만든 이기심   111
- 관계의 진실 속 숨겨진 메시지   118

chapter 4
이방인의 정원 : 다름의 공존

- 배구장에 들어온 농구공   127
- 다르게 피어난 꽃   134
- 피부와 마음 사이   140
- 내 삶의 리모컨   147
- 인간의 두 번째 지문   155

chapter 5
햇빛을 향한 움직임 : 반응에서 선택으로

- 발등에 불타오르는 순간   163
- 나만 바라봐, 친밀감의 오해   170
- 실수로 드러나는 기질   178
- 공적 자아의 시대, 걸어 다니는 스튜디오   185
- 두드릴 것인가, 건널 것인가   192

chapter 6
마음의 숲길 : 조화와 내면의 탐험

- 관계라는 합주, 성숙이라는 조율   201
- 내면의 비판자와 화해하기   207
- 칭찬인 줄 알았지? 교묘한 말의 칼날   214
- 감정의 수신 감도   221
- 마음의 탯줄을 끊어야 할 때   227

| 에필로그 | 당신이 돌아갈 집을 찾아서   236
| 참고 자료 | 241

chapter 1

마음의 봄 :
내면의 언어

마음의 모국어를
찾아서

우연히 유튜브에서 한 영상을 보았다. 영상에서는 바이링구얼(두 언어를 구사하는 사람)에 대한 대화가 이어지고 있었다. 영상의 주인공은 영화배우 최민수 씨의 아내 강주은 씨였다. 그녀는 한국계 캐나다인으로 한국어보다 영어가 훨씬 익숙한 사람이다. 인터뷰에서 한국어로 말할 때는 단어 선택과 문장을 이어가는 데 조금 어색한 부분이 있는 반면, 영어로 말할 때는 말투나 표정, 제스처까지 자연스럽게 자신감 넘치는 모습으로 전문가처럼 변했다. 마치 두 사람을 보는 듯한 인상이었다. 그 장면을 보며 한 가지 중요한 점을 깨달았다. 인간은 자신의 모국어를 사용할 때, 가장 자연스럽고 진정한 모습을 드러낸다는 것.

언어는 생각과 감정을 형성하고 표현하는 기본 도구이기에 모국어는 타고난 정서적 기반과 가장 밀접하게 연결되어 있다. 그래서 모국어는 개인의 정체성과 감정을 가장 원활하고 깊이 있게 표현할 수 있는 내면의 언어다. 이 때문에 우리는 모국어로 소통할 때 자신의 본질에 가장 가깝게 다가갈 수 있다.

이 이야기는 언어에 관한 이야기만이 아니다. 우리가 태어나면서부터 타고나는 기질에 관한 이야기이기도 하다. 사람마다 사용하는 언어에 모국어가 있듯 마음에도 각자 '마음의 모국어'가 존재한다. 그리고 이 마음의 모국어가 바로 기질이다. 기질은 그 사람을 형성하는 중요한 언어이자 사고와 감정, 행동을 이끄는 원동력이 된다. 우리가 언어를 통해 세상을 인식하고 표현하듯 기질 역시 우리가 세상과 관계 맺고 반응하는 방식의 출발점이다. 기질은 세상을 해석하는 '마음의 문'이자 우리 '마음의 뿌리 언어'와 같다. 외부 세계를 받아들이고, 감정을 해석하며, 관계를 형성할 때 사용하는 가장 기본적인 감정적 언어가 바로 기질이다.

이처럼 기질은 우리의 반응과 감정, 관계를 결정짓는 마음의 기본 언어다. 그런데 이 기질이 어떻게 만들어지고 유지되는지는 사람마다 조금씩 다르다. 강의 첫 시간에 나는 이런 질문을 던진다.

"한 생명이 자라는데, 씨앗과 토양 중 무엇이 더 중요할까요?"

둘 다 중요할 것 같은데 이렇게 둘 중 하나를 골라야 할 것 같은 질문을 하면 괜히 눈치를 보고 대답을 망설인다. 정답은 정말 둘

다 중요하다. 우리는 자라나는 식물처럼 타고난 기질(씨앗)과 자라 온 환경(토양)의 영향을 동시에 받는다. 나는 오랜 시간 농사를 지으면서 인간이 자라는 과정이 식물이 자라는 것과 비슷하다고 생각했다.

예를 들어 당근 씨앗을 심었다고 생각해 보자. 같은 종의 씨앗을 심었는데 자라고 보니 어떤 당근은 길쭉하고, 어떤 건 짧고 통통하다. 또 어떤 당근은 색이 선명하고, 어떤 건 빛이 바래 있다. 왜 그럴까? 같은 씨앗이라도 햇볕, 물, 흙의 질, 주변 식물과의 관계 등 환경이 달라지면 당근의 형태도 달라진다. 인간의 기질도 마찬가지다. 같은 기질을 타고났고 쉽게 변하지 않는다고 해도 자라 온 환경에 따라 성격과 행동은 얼마든지 달라질 수 있다. 그리고 무엇보다 중요한 건 농사에서 가장 많은 시간과 정성이 들어가는 일은 잡초 뽑기다. 생명은 알아서 자란다. 씨앗도, 햇살도, 비도 다 준비되어 있을지 모른다. 하지만 주기적으로 잡초를 뽑아 주지 않으면 좋은 기운이 자라지 못한다.

이 잡초는 사람의 마음에도 있다. 자기비판, 비교, 억눌린 감정, 왜곡된 신념, 상처받은 경험 등이 잡초와 같다. 타고난 좋은 기질이 있어도 자라나는 환경에 잡초와 같은 것들이 무성하면 그 사람의 자연스러운 감정 표현이나 본래의 반응이 억눌리게 된다. 결국 '나는 왜 이럴까?'라는 자책으로 연결될 수 있다.

20대 취업준비생 정희 씨는 자신을 지나치게 걱정하며 재촉하던 부모님으로 인해 힘들었던 이야기를 꺼냈다.

"저는 어릴 때부터 조용하고 책 읽는 걸 좋아했어요. 근데 부모님은 '왜 이렇게 친구를 안 사귀고 소극적이냐?'며 자꾸 저를 걱정하셨어요. 부모님은 제가 싫다고 해도 스피치 학원에 보내고, 모임을 만들어서 리더를 시키고, 발표를 왜 안 하냐고 재촉하시고, 그럴 때마다 너무 힘들었어요. 그래서 저는 제가 이상한 줄 알았고, '나는 왜 이렇게 부족하지?'라고 생각했거든요. 그런데 지금 보니까 제 기질이었어요. 낯가림이 심하고 내향적인 편인데, 그걸 이해해 주기보다는 무조건 바꾸려고만 했던 거죠. 모든 사람이 적극적이고 발표를 해야만 하는 건 아니잖아요. 저는 적응하는데 시간이 조금 걸리고 편안해지면 이렇게 제 생각을 말할 수 있는데, 부모님은 제가 다른 친구들보다 뒤처지고 부족할까 봐 불안하셨나 봐요."

정희 씨처럼 자신이 어떤 씨앗인지도 모르고 부적절한 토양에 심긴 채 자란 경험은 많은 이들에게 익숙한 이야기였다. 심리학자 브론펜브레너Urie Bronfenbrenner의 생태체계 이론은 이런 구조를 잘 설명해 준다. 그는 인간의 발달이 단지 개인의 특성에 의해 결정되는 것이 아니라 가정, 친구, 또래, 학교, 사회, 문화와 같은 다층적 환경 체계 속에서 상호작용하며 형성된다고 보았다. 마치 식물이 햇빛과 물만이 아니라 주변 식물들, 흙의 질, 바람의 세기까지 영향을 받듯이 우리의 기질도 다양한 관계와 환경 속에서 길러지고 때로는 왜곡되기도 한다. 중요한 것은 나의 씨앗(기질)을 아는 것과 동시에 지금 내가 어떤 토양(환경)에서 살아가고 있는지를 자각하는 일이다.

그래서 내가 어떤 기질을 가지고 있는지, 그 기질이 나의 삶에 어떤 영향을 미치는지를 이해하는 것은 나와 내 삶을 이해하고 더 나은 방향으로 나아가기 위한 중요한 첫걸음이 된다. 기질을 알면 자신의 본질을 이해할 수 있고, 내가 어떤 상황에서 왜 그렇게 반응하는지, 그 기질이 삶에 어떤 방식으로 영향을 미치는지를 조금은 알 수 있다.

기질은 일상생활 곳곳에서 불쑥불쑥 얼굴을 내민다. 누군가와 대화를 나누다가 예기치 않게 감정이 격해지는 순간, 중요한 결정을 앞두고 설명할 수 없는 불안에 휩싸이는 순간, 반복되는 갈등 속에서 왜 나는 자꾸 이렇게 되는지 생각이 드는 순간 등 모든 순간에 기질은 조용히 작동하고 있다. 친구들과 함께 식당을 고를 때, 어떤 사람은 일단 평점을 보고 가자며 꼼꼼하게 후기를 찾고, 어떤 사람은 그냥 느낌 오는 데로 가자며 직감을 따르고, 또 다른 사람은 '혹시 줄을 서야 하면 어쩌지?' 하며 미리 걱정부터 한다. 메뉴 하나를 고르는 데도 각자의 기질은 이미 나와 있다.

또 어떤 사람은 갑작스럽게 약속이 취소되면 내심 기뻐하며 혼자만의 시간을 즐기고, 어떤 사람은 계획이 틀어졌다는 사실만으로 하루 종일 기분이 가라앉기도 한다. 누군가는 새로운 환경에 금세 적응하며 에너지를 얻고, 또 다른 누군가는 낯선 상황에 쉽게 위축되고 피로감을 느낀다. 우리는 이런 순간들을 성격 차이 혹은 대중적으로 많이 알려진 MBTI 유형으로 넘기지만, 그 이면에는 타고난 기질이라는 깊은 층위가 존재한다.

하지만 우리는 이를 잘 의식하지 못한 채, '내가 예민해서 그렇다', '나는 왜 이럴까?' 하며 스스로 자책하거나 억누르기도 한다. 특히 성인이 되면 '성격'이라는 이름 아래 기질은 점점 더 가려진다. 사회적 역할, 책임, 경험, 학습된 태도들이 기질 위에 덧입혀지면서 본래의 나다운 반응과 감정은 점차 억눌리고 왜곡되기도 한다.

그래서 기질은 더욱 섬세하게 들여다보아야 한다. 마치 숨겨진 뿌리를 찾아가는 과정처럼 우리는 겉으로 드러난 성격 이면에 자리한 기질이라는 토대를 이해할 필요가 있다. 마음의 모국어를 찾는 일은 자기이해와 진정한 자기 수용으로 나아가는 여정이다. 많은 사람이 자신의 기질을 이해하고, 그 기질이라는 내면의 언어를 통해 자신과 더 깊이 소통하며 내면의 소리에 귀 기울이는 시간을 가졌으면 한다. 그 과정을 통해 우리는 스스로를 더 이해하고, 나다운 삶에 한 걸음 가까워질 수 있다. 당신만의 마음의 모국어인 기질을 찾아 가장 자연스럽고 편안한 모습으로 살아갈 수 있기를 바란다.

서로 다른
마음의 언어

 수많은 사람이 살고 있는 지구상에 나와 똑같은 사람이 있을까? 어딘지 모르게 닮은 사람이나 취향이 비슷한 사람, 특정 분야에서 말이 잘 통하는 사람은 있어도 100% 똑같은 사람은 없다. 왜 어떤 사람은 재미 삼아 짜릿한 익스트림 스포츠를 즐기는 반면, 다른 사람은 집에서 조용히 책을 읽는 취미 생활을 선호할까? 인간이 이렇게 저마다 다른 이유는 무엇일까? 무엇이 우리를 서로 다르게 만들까?
 강의에서 이 질문을 던지면 수강생들은 유전, 환경, 성격 때문이라고 대답한다. 틀린 말은 아니지만, 정확히 말하면 사람마다 생물학적으로 타고난 기질이 있는데, 그 기질이 모두 다르기 때문이다.

기질의 개인차에 대한 질문은 수 세기 동안 심리학자, 철학자, 교육자, 과학자들의 마음을 사로잡았다. 기질에 대한 이야기를 시작하면 비슷한 듯 다른 성격에 대한 질문이 항상 따라온다.

기질과 성격에 대한 의미를 잠시 짚고 넘어가자.

기질은 사전적 의미로 기력과 체질을 아울러 이르는 말 또는 자극에 대한 민감성이나 특정한 유형의 정서적 반응을 보여 주는 개인의 성격적 소질이다. 쉽게 말해 타고난 성질, 즉 유전적으로 타고나는 것으로 생물학적 기반에서 비롯된다. 천성天性과 같은 의미로 볼 수 있다. 삶에서 마주하는 여러 상황에 대한 조절 능력과 정서적 반응의 유전적 개인차로 설명될 수 있으며, 이는 사회적 관계에도 영향을 미친다. 이렇게 기질은 정서와 연관되어 있다.

성격의 사전적 의미는 환경에 대하여 특정한 행동 형태를 나타내고, 그것을 유지하고 발전시킨 개인의 독특한 심리적 체계다. 각 개인이 가진 남과 다른 자기만의 행동 양식으로 선천적인 요인과 후천적인 영향에 의하여 형성된다. 성격 상태의 개인 내 변화는 내부 및 환경 자극에 대한 반응의 변화로 발생하기 때문에 환경 및 내부 자극에 기초한 변화뿐만 아니라 시간에 따른 성격 상태의 평균이 다르다. 기질이 정서와 연관되어 있는 것이라면, 성격은 환경과 연관되어 있다.

기질과 성격의 차이점

기질	성격
어떤 상황에서 자동적으로 일어나는 정서 반응(감정에 따른 행동)의 성향	기질이 유발하는 자동적인 반응을 의도적으로 조절하여 나타난 감정과 행동
유전적으로 타고나며 평생 안정적으로 유지되는 편	타고난 자신의 기질이 환경에 의해 적응하고 발달되어 가는 것(심리사회적 성숙을 결정)
생물학적으로 타고난 것이라 거의 변하지 않음	환경이나 개인의 노력, 목표에 따라 변화할 수 있음

〈기질로 보는 심리학〉 수강생이었던 미선 씨는 첫 시간에 기질에 대한 설명을 듣다가 어리둥절한 표정으로 질문을 했다.

"저희 엄마가 저한테 '넌 천성이 글러 먹었다'는 말을 자주 하시는데요. 기질이 천성이고 그게 타고나는 거라면, 저는 타고나기를 잘못 타고났다는 말이에요?"

순간 여기저기에서 안타까움 섞인 깊은 탄식이 들려왔다.

"어떻게 엄마가 그런 말을 할 수 있어요?"

"너무 속상했겠다."

"상처 많이 받았겠네."

다양한 얘기들이 오갈 때 미선 씨에게 어떤 상황에서 그런 말을 들었는지 물어봤다. 미선 씨는 그동안 너무 자주, 많이 듣던 말이라서 엄마들이 흔하게 하는 잔소리쯤으로 여기고 흘려들었다. 그러다 강의에서 기질에 대한 정확한 뜻을 처음 듣게 되었다. 많이 놀라고 혼란스러워 보였던 그날의 미선 씨 표정을 아직도 잊을 수 없다.

미선 씨는 유독 엄마와 많이 부딪혔다. 다른 가족들과는 그냥 넘어가는 일도 엄마와는 그렇지 않았다. 명절을 맞아 장을 봐야 해서 각자 일정을 마치고, 저녁에 엄마와 마트 앞에서 만나기로 했다. 약속 시간에 맞춰 출발했지만, 연휴를 앞두고 이동하는 사람들로 북적였고 지하철은 만원이었다. 미선 씨는 한 대를 보내고 다음 열차를 탔다. 약속 시간에 10분 정도 늦었고, '또 잔소리 듣겠네'라는 생각이 들었다. 부랴부랴 뛰어갔지만 엄마 표정이 좋지 않았다. 상황을 설명하기도 전에 엄마의 잔소리 레퍼토리(미선 씨의 표현)가 시작되었다.

"뭐 하다 오느라 이렇게 늦어! 하여튼 느리고 게을러. 내가 뭘 믿고 너랑 장을 보겠다고 약속했는지 모르겠다. 암튼 넌 안 돼. 천성이 글러 먹었어. 어휴, 속 터져."

"일부러 늦은 게 아니라 일찍 나왔는데 지하철에 사람이 많아서 한 대를 보냈어. 다음 열차 타고 왔더니 조금 늦었네. 최대한 빨리 뛰어왔는데 기다리게 해서 미안해, 엄마."

미선 씨가 엄마에게 천성이 글러 먹었다는 말을 듣는 건 아주 사소하고 일상적인 순간이었다. 디자인 전공인 미선 씨는 일의 특성상 바쁜 일이 몰리면 밤을 새워 작업하고 아침에 늦게 일어나는 일이 종종 있었다. 그때마다 아빠와 오빠는 밤샘 작업하느라 피곤해서 그러니 놔두라고 말렸지만, 엄마는 항상 같은 말로 화를 내면서 깨웠다.

"네가 이러니까 안 되는 거야. 사람이 아침이 됐으면 빨리 일어나서 씻고 밥을 먹어야지. 다른 식구들은 다 일어나서 밥 먹고 출근할 준비하는데 넌 뭐야. 암튼 게을러터졌어. 천성이 글러 먹었어. 빨리 일어나!"

미선 씨는 엄마의 잔소리를 토씨 하나 틀리지 않고 말할 수 있을 정도로 거의 매일 들었다. 너무 자주 들어서인지 언제부턴가 그러려니 했다. 그러지 않으면 매일 싸워야 했기에 크게 신경 쓰지 않으려고 노력했다. 앞서 언급했듯 똑같은 사람은 없다. 부모와 자녀도 다르고, 같은 부모에게서 태어난 형제자매도 다르다. 가족 역시 모두 타인이다. 기질이 다르기 때문에 같은 상황에서도 서로 다른 행동과 대처를 보이게 된다. 가장 가깝다는 가족끼리도 이해가 안 되는 부분이 있고 갈등을 빚는 이유가 기질이 다르기 때문이다.

미선 씨와 엄마는 기질부터 생활 패턴까지 모두 달랐다. 아침 일찍 일어나 밥을 먹고 출근하고 일찍 귀가하는 삶을 살아온 엄마의 생활방식이 미선 씨에게는 잘 맞지 않았다. 엄마의 기준에서 벗어난 행동을 할 때마다 부정적인 말을 들었고, 그럴 때마다 엄마는 잔소리를 하고 미선 씨는 듣는 둥 마는 둥 하는 게 일상이 되었다. 미선 씨가 또 한 번 질문을 했다.

"그런데요. 같은 상황에서도 저희 아빠나 오빠는 저한테 그런 말을 안 하거든요? 엄마만 그런 말을 해요. 그럼 엄마의 기질이 나쁜 거예요? 아님 제 기질이 나쁜 거예요?"

각각의 기질은 특징이 있다. 선천적으로 타고난 기질을 좋고 나쁨으로 평가하기 보다는 있는 그대로 인정하고 서로 다르다는 것을 인지하는 게 중요하다. 하버드대학교 심리학과 교수이자 미국 심리학회 선정 세계에서 가장 영향력 있는 심리학자 30인에 속한 제롬 케이건Jerome Kagan은 기질 유형에 대한 발달 연구에서 기질을 '고반응적 기질'과 '저반응적 기질' 두 가지로 분류했다.

고반응적 기질은 같은 자극이라도 반응이 높고, 흔히 예민하고 민감한 사람으로 표현한다. 저반응적 기질은 같은 자극에 대해 상대적으로 느리고 낮은 반응을 보인다. 미선 씨와 엄마의 사례를 보면 서로 다른 기질을 가지고 있다. 다름이 문제가 아니라 반응에 따른 대응 방식 때문에 부딪히고 갈등을 겪는 경우가 많다. 그러니 타고난 기질에는 어느 것이 좋고 나쁜 것이 없다.

미국의 심리학자 케스탄 블랜딘Kesstan Blandin 박사는 기질과 유형론에 대한 연구에서 기질이 생물학적 특성에서 비롯되고 경험에 대한 습관적인 반응인 반면, 성격은 구성된다고 말했다. 기질과 성격의 차이는 생물학 사이의 선이다. 기질에 대한 생물학적 기반은 유지되더라도 문화에 따라 의미와 가치가 다를 수는 있다. 우리나라의 부모님이나 선생님 혹은 양육자는 어른의 말에 순종하는 얌전한 아이를 좋아하는 반면, 미국의 부모님은 아이가 얌전하고 조용하면 사회에 나가서 인정받지 못하고 리더가 되지 못할까 봐 걱정한다. 기질에 좋고 나쁨은 없지만, 문화적으로 선호하는 부분은 있다.

미선 씨의 엄마 역시 타고난 기질과 우리나라 문화의 영향을 받았을 수 있다. 자신의 기준에서 자꾸만 벗어나는 미선 씨를 가만히 지켜만 보기엔 답답한 마음에 이런저런 말을 했을 것이다. 이제는 '천성이 글러 먹었다'는 말보다 '우리가 기질이 다르고 대처하는 방식도 다르구나' 이렇게 서로를 이해할 수 있었으면 좋겠다.

기질의
빛과 그림자

우리는 무엇을 통해 기질을 알아볼 수 있을까? 단 한 가지만으로 기질을 판단 내리기는 쉽지 않다. 여러 가지 살펴봐야 할 것들이 있지만, 기질을 알아볼 때 부모와의 유전은 빼놓을 수 없는 중요한 부분이다. 대부분의 기질 이론은 타고난 기질로 생각되는 행동 경향에 생물학적 근거를 추정한다. 기질의 유전적 근거에 대해 생물학적으로 파악하려는 시도는 심리학, 행동 유전학, 생물학, 뇌과학 등 여러 분야에서 활발히 이뤄지고 있다.

기질적 특성이 생물학적 기반에 의해 결정된다고 가정할 때, 부모의 기질이 유전적으로 영향을 받는 것은 당연하다. 그러나 쌍둥이 연구는 부모 기질에 유전적으로 영향을 받는다는 것을 보여 주지만, 입양 연구는 부모 기질에 유전적 영향을 거의 또는 전혀 받지 않는다는 것을 보여 준다. 이 연구 결과가 의미하는 것은 무엇일까?

기질은 행동 성향에서 안정적이고 일찍 나타나는 개인적 차이를 의미한다. 인간은 출생 직후 각기 다른 기질적 특성을 나타낸다. 아이들은 기질로 간주되는 행동적 차원(감정성, 활동 수준, 주의·지속성, 사회성, 반응성 등)에서 차이를 보인다. 행동 유전학자들이 관심을 두는 것은 이러한 개인적 차이와 그사이의 변화다. 행동 유전학은 단순한 유전적인 영향보다 기질에 대해 더 많은 정보를 제공한다.

기질은 한 사람의 행동을 특징짓는 정서적 표현과 반응양식으로 성격 발달의 기초가 된다. 이는 100% 유전만으로 이루어지지 않는다. 보스턴대학교 교수이자 심리학 및 뇌과학 박사 사우디노 Kimberly J. Saudino의 〈행동 유전학과 아이의 기질〉에서 쌍둥이 및 입양 연구는 공통된 가족 환경이 기질에서 차지하는 부분은 작다는 것을 일관되게 발견했다. 기질에 대한 상관관계가 유전적으로 무관한 입양 형제자매의 경우 거의 닮지 않았지만, 유전적으로 관련된 형제자매의 경우 기질이 약 20% 정도 비슷한 것으로 나타났다. 이는 같은 가정에서 자란다고 가족 구성원들이 기질적으로 모두 닮는 것이 아니라는 것을 보여 준다. 가족 구성원들은 공유된 DNA 때문에 기질적으로 비슷할 뿐이다.

공유 환경	• 유전적 분산으로 설명되지 않는 가족 유사성 • 가족 구성원들이 공유하고 가족의 유사성을 향상시키는 작용을 하는 환경적 영향을 포함
비공유 환경	• 각 개인에게 고유한 측정 오차 및 환경 영향을 포함 • 독특한 환경적 영향은 같은 가족의 구성원들을 서로 다르게 만들기 위해 작용 • 차별적 부모 대우, 친구, 동료, 교사와의 관계, 사고나 질병과 같은 비체계적 요인

기질에 실질적인 영향을 미치는 것은 '가족 사이'가 아니라 '가족 안'에 있다. 기질에 중요한 환경적 영향은 가족 구성원들에게 공유되지 않은 비공유 환경적 영향이다. 행동 유전학에서는 가족마다 다른 환경적 요인을 조사하는 대신 가족 내에서 다른 환경적 요인(차등 양육)에 초점을 맞추는 것을 제안한다.

기질의 중요성과 기질 육아에 대한 인기가 뜨거운 이유는 생애 초기 기질이 발달 결과에 적지 않은 영향을 미치기 때문이다. 두 아이의 엄마이자 마케팅 회사 팀장으로 근무하는 커리어우먼 수희 씨는 달라도 너무 다른 두 자녀 때문에 〈기질로 보는 심리학〉 강의를 신청했다.

첫째 아이는 수희 씨가 육아 휴직을 하고 직접 키웠다. 둘째 아이를 출산하고 이번에도 육아 휴직을 할지 고민이 되었다. 그때 남편과 수희 씨는 일에 대한 전망과 연봉, 각자의 성향, 현재 일에 대한 포부 등을 의논한 결과, 남편이 육아를 하고 수희 씨가 회사에 다니기로 했다. 육아와 가정의 일은 우열의 문제가 아닌 성향이나 상황에 따라 남녀 누가 해도 무방하다는 부부의 같은 생각 덕분에 큰 갈등 없이 결정 내릴 수 있었다. 아이들을 위해서도 아빠와 함께하는 게 훨씬 좋을 것 같았다. 덕분에 회사 일에 전념할 수 있을 거라고 생각했는데, 미처 예상하지 못했던 일들이 수희 씨를 걱정하게 했다.

"첫째는 사람들을 보면 잘 웃고 말도 잘하고 먼저 잘 다가가요. 새로운 곳에 가면 적응도 빠르고요. 둘째는 사람을 봐도 잘 웃지 않고 엄마, 아빠에게서 떨어지지 않으려고 해요. 새로운 장난감 하나 갖고 노는 데도 시간이 오래 걸리고요. 모든 행동이 느리고 서서히 적응하는 모습이 좀 답답해요. 남편이나 저는 그렇지 않거든요. 누굴 닮았는지 모르겠어요. 혹시 첫째는 제가 직접 키운 시간이 있었고, 둘째는 그렇지 않아서 그런 건가 하는 생각에 미안한 마음도 있었어요. 아빠가 육아를 잘못했나 하는 생각도 들었고요. 남편이 일하기 싫어서 육아를 한다고 했나 의심하기도 했어요."

아이를 둘 이상 키우는 부모들은 같은 뱃속에서 나온 애들인데 어쩜 이렇게 다른지 모르겠다는 말을 많이 한다. 자녀들의 다른 모습을 보고 비교하며 지적하는 반응들이 자신도 모르게 튀어나올 때도 있다. 겉으로 드러내 말하지 않아도 부모의 마음속에 비교하는 마음이 자리 잡고 있으면 비언어적인 표현(한숨을 쉬거나 인상 쓰면서 말하기 등)으로 전달되기도 한다.

같은 부모에게서 태어나고 동일한 환경에서 자라도 각기 다른 행동과 다른 개성을 보이는 것은 기질 때문이다. 앞서 언급했듯이 같은 가정에서 자란다고 기질적으로 모두 닮는 것은 아니다. 형제가 성격이 닮을 확률은 약 20%에 불과하다. 이는 형제와 닮을 확률이 낯선 사람을 닮을 확률과 거의 비슷하다고 볼 수 있다. 이 말은 형제가 똑같은 기질로 태어날 가능성은 아주 적다는 뜻이다. 모든 기질은 양면성을 지녔다. 어떠한 기질도 장점 혹은 단점만을 지니고 있지 않다. 자녀의 성격 형성에 좋지 않은 영향을 미칠 수 있는 기질의 요소가 있을 수도 있다. 그렇다고 그것을 부모의 기준으로 좋고 나쁨으로 판단해서 부정적인 표현을 하면 자녀의 성격 발달에 부정적인 영향을 미칠 수 있다. 그래서 기질을 이해하고 받아들이는 과정이 필요하다.

기질은 무엇What을 왜Why 하는지가 아니라 무슨 일을 어떻게How 행동하는가에 대한 행동 방식이다. 미국의 정신의학 박사 스텔라 체스Stella Chess와 아동학자 알렉산더 토마스Alexander Thomas는 오랜 시간 기질에 대한 연구를 진행하며, 아홉 가지 요소를 기반으로 기질을 분류했는데, 이는 아이의 감정 반응 방식이나 활동성, 적응력 등을 아우른다. 아이들 기질은 대체로 빠르게 적응하는 순한 기질, 고집이 세고 창의력, 호기심, 모험심이 강한 까다로운 기질, 새로운 사람이나 환경을 만나면 뒤로 물러서고 낯선 상황에 서서히 익숙해지는 느린 기질로 나뉘는데, 대부분은 이 특성이 혼합된 복합 기질을 갖는다.

두 자녀가 너무 달라서 걱정이었던 수희 씨 사례를 보면 아이들이 각각 어떤 기질인지 파악하고 그에 적합한 양육 방법을 알아가는 시간이 필요하다. 아이가 너무 어린 경우 기질을 파악하기 어려울 수 있다. 지금 기질을 모르겠다고 해서 조급해 할 필요는 없다. 아직 해 보지 못한 경험이 많으니 앞으로 다양한 상황을 겪어 보면서 관찰하면 된다. 특히 둘 이상의 자녀를 키우고 있는 부모들은 다른 기질의 아이들을 키울 때 비교적 키우기 쉬운 아이가 착한 아이라고 생각한다. 하지만 기질에 따라 강, 약점이 존재하고 다른 매력이 있음을 기억해야 한다. 지적하고 변화시켜야 하는 부분이 아니라 타고난 상대의 기질로 인한 행동임을 받아들이게 될 때, 부모 자녀 관계가 긍정적으로 발전할 수 있는 기회를 얻게 될 것이다.

우리가 기억하지 못하는
첫 번째 봄

"여러분, 서너 살 때 어땠는지 기억나세요?"

"그때 기억은 없죠. 바쁘게 살다 보니까 어제 일도 기억나지 않을 때가 많은데요."

"그럼 혹시 사춘기 때는 기억나세요?"

"사춘기? 당연히 기억나죠. 갑자기 부모님이 잔소리하는 게 싫어지고, 이유 없이 혼자 있고 싶고, 나를 건드리기만 해 봐 가만두지 않는다고 그랬던 것 같아요."

불과 며칠 전에 무엇을 먹었는지는 기억이 가물가물해도 사춘기는 통과의례처럼 기억에 남는다. 누구나 한 번쯤 겪는 내면의 소란과 정체성의 혼란, 반항의 시기. 그러나 심리학자들은 그보다 더 빠른 시기에 우리가 기억하지 못하는 첫 번째 사춘기가 있다고 말한다. '바로 일춘기(一春期)'다. 사춘기나 오춘기는 자주 듣는 말이지만, 일춘기는 낯설게 느껴질 수 있다. '춘기'는 질풍노도의 시기를 뜻한다. 일춘기는 생후 18개월부터 시작되는 제1 반항기로 자율성과 독립성이 발달하는 시기다.

EBS에서 방영된 다큐멘터리 〈아이(2021)〉에서 일춘기를 나의 기질이 사회와 충돌하면서 자신을 드러내는 첫 번째 역동적 과정으로 설명한다. 그 과정이 세 살에서 다섯 살 사이 일춘기에 일어난다는 것이다. 철학자 존 로크(John Locke)는 아이들은 모두 백지상태로 태어난다고 주장했다. 생후 6개월 무렵부터 24개월까지 아이는 태어난 그 모습 그대로 자신을 세상에 드러내기 시작하고, 그 반응을 통해 나는 어떤 사람인지를 경험하며 관계 맺기의 첫 단계를 밟는다. 우리는 이 시기를 기억하지 못하지만, 이때의 경험은 이후의 정서 반응과 대인 관계, 자아감 형성에 결정적인 흔적을 남긴다.

우리나라에서는 일춘기 시기를 '미운 네 살'이라고 표현한다. 그만큼 많은 부모가 아이의 변화에 당황한다. 어제까지 순하던 아이가 갑자기 고집을 부리고, 사소한 일에도 울고 떼를 쓰며, "싫어!", "내가 할 거야!"를 입에 달고 산다. 하지만 이는 버릇이 나빠진 것도, 말을 안 듣는 시기도 아니다. 심리학에서는 이 시기를 자아의식이 싹트고, 독립된 존재로 사회와 관계 맺기를 시작하는 시기, 즉 일춘기로 본다. 이 시기의 아이는 세상을 탐색하는 수준을 넘어 자신과 타인의 차이를 인식하고, 자율성을 확보하려고 한다. 나아가 자신의 욕구를 말과 행동으로 표현하며 세상과 본격적으로 부딪힌다.

그러니 아이가 울고 떼쓰는 행동은 사실 기질에 따라 세상과 부딪히는 방식의 표현일 뿐이다. 각기 다른 기질을 지닌 아이들은 같은 자극에도 서로 다른 반응을 보인다. 어떤 아이는 새로운 상황 앞에서 낯설어 울음을 터뜨리고, 또 다른 아이는 호기심에 달려든다. 이처럼 '미운 네 살'은 단지 반항의 시기가 아니라 타고난 기질이 처음으로 사회적 경계와 충돌하는 시기, 즉 아이가 '나'라는 존재를 세상 속에 드러내기 시작하는 성장의 이정표다.

〈기질로 보는 심리학〉 강의를 수강한 30대 주부 은선씨는 요즘 갑자기 변한 딸의 모습이 낯설고, 자신이 무엇을 잘못했는지 혼란스러워했다.

"처음엔 잘 울지도 않고 순한 아이라 키우기 정말 편했어요. 그런데 어느 순간부터 낯선 사람을 극도로 경계하고, 새로운 환경에 적응하는 데 시간이 너무 오래 걸리는 거예요. 유치원에 보내고 나서야 알았어요. 그런데 강의를 듣다 보니까 말문을 열기 전부터 아이는 자기만의 방식으로 사회와 부딪히고 있었나 봐요. 이럴 때 엄마들은 너무 당황스러워요. 어떻게 해 줘야 할지 모르겠어요."

은선 씨의 이야기는 일춘기의 본질을 잘 보여 준다. 갓 돌이 지난 아이가 말로 설명하지 못하는 불편함과 긴장을 행동으로 표현하고 있었던 것이다. 아이는 울음을 줄였지만, 대신 부모 곁에서 떨어지지 않거나 낯선 사람의 얼굴을 오래 응시하며 몸을 움츠렸다. 표면적으로는 순한 아기처럼 보였지만, 속으로는 이미 기질과 환경이 마찰을 일으키고 있었던 셈이다.

일춘기는 심리학적으로 사회화의 문턱이 처음 시작되는 시기이자 아이의 기질이 외부 환경과 충돌하는 첫 번째 시점이다. 이때 아이는 자기중심적 세계에서 타자 중심의 세계로 전환하며 '나'와 '너'의 경계를 배운다. 기질은 여기서 결정적 역할을 한다. 예를 들어 낯선 자극에 대해 민감한 기질을 가진 아이는 새로운 환경에 대한 불안이 크고, 변화에 대한 저항도 강하다. 반면 외향적 기질의 아이는 자극에 대한 반응이 긍정적이고, 빠르게 주변과 교류한다. 이처럼 같은 상황에서도 아이의 기질에 따라 사회와 처음 만나는 방식이 다르게 나타난다.

심리학자들은 일춘기를 자율성과 수치심 사이에서 균형을 배워가는 시기로 본다. 에릭 에릭슨 Erik Erikson 은 인간 발달의 두 번째 단계로 '자율성 대 수치심 및 의심'을 제시했다. 만 1.5세에서 3세까지가 핵심 시기지만, 우리 문화에서 일춘기로 여기는 만 3세에서 5세 사이에 그 여파가 본격적으로 나타난다. 아이는 자기 뜻대로 하고 싶어하고 주체적으로 선택하려고 한다. 이는 고집이 아니라 자율성을 향한 건강한 발달 욕구다.

또한 이 시기는 기질 기반의 반응 경향성이 더욱 뚜렷해지며, 외부 환경과 본격적으로 상호작용하기 시작하는 시기이기도 하다. 미국의 심리학자 제롬 케이건은 아이의 기질이 외부 자극에 대한 반응성을 결정한다고 보았다. 어떤 아이는 높은 감각 예민성을 지녀 사소한 자극에도 과잉 반응하고, 어떤 아이는 낮은 반응성을 보여 둔감하게 행동한다. 이 차이는 부모나 양육자가 보기에 '예민하다', '겁이 많다', '고집이 세다'는 식으로 해석되기 쉽지만, 이는 기질이 표현되는 방식일 뿐이다.

아이의 기질이 사회적 기대, 양육자의 방식, 문화적 규범과 처음으로 충돌하는 이 시점은 아이의 내면에 기억되지 않는 기억, 즉 신체 감각과 정서 반응으로 저장되는 초기 사회 경험을 남긴다. 평생 영향을 미치는 이 감각들은 이후 아이의 자아상과 대인 관계, 감정 조절 방식에까지 영향을 준다. 그래서 일춘기는 아이가 세상 속에서 자신을 이해하고 조율해가는 첫 번째 심리적 전환점이라고 할 수 있다.

제롬 케이건은 이런 초기 기질 반응을 두고 '억제된 아이'와 '비억제된 아이'로 구분했다. 억제된 기질의 아이는 새로운 자극에 움츠러들며 신중하게 반응하고, 비억제된 아이는 자극을 탐색하며 활발하게 반응한다. 케이건은 이 초기 반응이 이후의 사회성, 불안 민감성 심지어 내향성과 외향성 같은 성격 특징으로 이어질 수 있다고 보았다. 하지만 기질에는 옳고 그름, 좋고 나쁜 것은 없다. 한

명 한 명이 그 자체로 존중되어야 할 존재일 뿐이다. 중요한 것은 부모나 양육자가 아이의 기질을 이해하고, 아이가 세상과 만나는 속도와 방식을 존중해 주는 것이다. 존중하고 인정해 줄 때 아이들은 자신들이 가진 기질 속 장점을 한껏 펼칠 수 있다.

우리는 일춘기를 기억하지 못한다. 그러나 그 시기의 경험은 아이의 정서적 반응, 관계 맺는 방식, 자존감 형성의 뿌리에 깊숙이 스며들고, 그 경험은 몸에 새겨진다. 강의를 진행하면서 검사를 하지는 않고, 자율에 맡기기는 하지만 가끔 과제를 내 줄 때가 있다.

"여러분이 기억하지 못하는 '나'에 대해서 알 수 있는 한 가지 방법입니다. 여러분을 키워 주신 주 양육자에게 여러분의 세 살에서 다섯 살 때의 모습을 물어보세요. 어떤 이야기를 들려주시는지 잘 들어보시고, 지금의 나와 어떻게 같고 다른지 생각해 봅시다. 단 어떤 말씀을 하시든 혹시 기분 좋지 않은 얘기를 듣더라도 따지거나 언성을 높이지 마시고, 사실 그대로 기록해 주세요."

아이의 울음, 몸짓, 낯가림, 시선 회피 같은 작은 신호는 모두 기질이 사회와 처음 만날 때의 표현이다. 아이에게 필요한 것은 더 사회적으로 되도록 훈련하는 것이 아니라 자신이 지닌 기질 그대로도 괜찮다고 느낄 수 있는 안전한 관계와 지지의 언어다. 기억나지 않지만 분명히 존재했던 첫 번째 봄, 그때 우리가 어떤 반응을 만났는지에 따라 지금 우리의 마음도 조금은 다르게 자라 왔을지 모른다.

착함의 역설 :
선의가 상처를 줄 때

'사람 좋다', '착하다'라는 말은 칭찬일까? 언행이나 마음씨가 곱고 바르며 상냥한 사람, 정 많고 사람들을 잘 도와주는 사람, 분명 의미는 좋다. 그러나 언젠가부터 이런 말들을 떠올리면 긍정적인 느낌만 느껴지지는 않는다. 사회생활에서 '착함'은 마음이 약하고 손해 보는 사람, 이리저리 이용당하고 끌려다니는 사람, 눈치 없고 답답한 사람을 돌려 말하는 것 같기도 하다. 만약 누군가 당신에게 소개팅을 주선하면서 상대에 대해 소개하기를,

"그 사람 참 착해."

이 한마디로 설명이 끝난다면 어떤 생각이 들 것 같은가? 또 반대로 당신을 사람들에게 소개할 때 "이 사람 착해요"라고 소개한

다면 어떤 느낌일까?

　어릴 때 어른들이 정한 규칙을 잘 지키면 착하다는 칭찬을 들었다. 그러나 착하다는 말은 화자가 청자를 통제하려는 의도가 담겨 있다. '내 말을 잘 들었다', '내 마음에 드는 행동을 했다'는 일종의 평가이며, 앞으로도 그렇게 해야 칭찬받는다는 암묵적인 의미도 있다. 이렇게 착하다는 의미는 지극히 화자의 주관적인 표현이다. 우리는 흔히 관계에서 착한 사람을 상냥하고 친절하고 배려심 넘치는 말과 행동을 하는 사람이라고 생각한다. 그럼 이렇게 착한 사람들은 다른 사람에게 상처를 주지 않을까?

　인간은 누구나 온정적인 기질(배려심, 동정심)과 야만적인 기질(이기심, 잔인함)을 가지고 있다. 하지만 현대 사회에서는 야만적인 기질에 더 많은 호기심을 보이고, 온정적인 기질은 조롱당하거나 쉽게 잊혀진다. 우리가 일반적으로 말하는 착한 사람은 온정적인 기질이 외부로 더 많이 발현된다. 그런 착한 사람도 자기 나름의 방식대로 타인에게 상처를 줄 수 있다. 특히 배려심이나 연민으로 인해 자신의 의도와 달리 상대를 불편하게 할 수 있다. 연민은 생물학적, 사회적, 심리적, 신경적인 측면들을 가지고 있으며 공감과 달리 타인을 돕고자 하는 욕망이나 소망을 추구한다.

　연구에 따르면 배려와 도움을 주는 것이 사람들을 더 행복하게 만들 수 있지만, 그것이 그들에게 더 도움이 되는지는 불분명하다. 도움을 주는 것은 능력 있고 배려심이 많은 사람으로서 자신의 정체성과 능력을 향상시키고 친사회적 행동을 장려할 수 있다. 친사회적 행동이란, 반사회적인 행동과 대조를 이루는 행동으로 행위자의 의도와 상관없이 타인을 돕기 위해 사회적으로 바람직한 행동을 스스로 하는 것을 의미한다. 일찍부터 나타나는 인간 본성의 일부로 도움, 기부, 자원봉사는 타인에게 이익을 주기 위해 행하는 친사회적 행동의 예시로 볼 수 있다. 이런 행동은 타인에게 인정받고 싶은 욕구와 타인에게 긍정적인 영향을 주는 모든 행동을 포함한다. 타인에게 도움을 주는 경험은 능력 있는 사람으로서 자기효능감을 높일 수 있다. 또한 상호주의와 긍정적인 영향을 통해 친사회적인 행동을 촉진할 수 있지만, 그 효과는 보통 특정한 관계에서 양가 반응으로 복잡해진다.

사람마다 기질이 다르듯이 선의라고 생각하는 행동의 기준도 다르다. 각자 살아온 환경, 경험, 느끼는 감정이 다르기 때문이다. 내 기준에서 선의가 상대에게는 무시로 느껴질 수도 있고, 나의 최선이 상대에게는 상처가 될 수 있다. 상대의 입장을 생각하고 상대의 기준에 맞는 선의를 베풀어야 한다. 특히 타인을 향한 반복적인 친사회적 행동들이 문제가 될 수 있다. 배려하고 도움을 주는 행동들이 어쩔 땐 사람들을 무력하고 당황스럽게 만들고, 의존감과 무능함을 느끼게 한다. 계속해서 도움을 받는 사람들은 수동적인 사고방식이 높아져 노력의 동기가 감소될 수 있다. 그래서 일방적으로 도움을 주거나 받는 것은 위험을 수반한다.

은주 씨는 좋은 사람, 착한 사람, 효자인 남자와는 결혼하지 말라고 말한다. 사람들이 착하다고 하는 사람과 함께 사는 배우자의 힘듦은 겪어 본 사람만이 안다고, 자신이 겪은 여러 가지 일들을 얘기했다. 나와 연인, 제3자의 이성 친구가 함께 밥을 먹을 때, 제3자인 이성 친구가 먹으려는 깻잎 반찬을 내 연인이 잡아 주거나 떼어 주어도 괜찮은지에 대한 일명 '깻잎 논쟁'은 사람마다 의견이 갈린다. 이런 주제로 서로의 성격이나 가치관을 알아보기도 한다.

"저는 깻잎 논쟁쯤은 OK예요. 그건 별일 아니에요. 우리 남편은 취미가 배려예요."

은주 씨 남편은 지금도 어릴 때부터 학창 시절까지 만났던 친구들과 모이는 모임이 여러 개 있다. 동성 친구와 이성 친구 모두 있는 모임이다. 물론 은주 씨도 남편의 친구들을 잘 알고 함께 만나기도 한다. 은주 씨는 남편이 친구들과 만나는 것 자체를 반대하거나 안 좋게 생각하지는 않는다. 은주 씨 또한 사람 좋아하고 사람들과 대화하며 어울리기를 좋아하는 성격이라 그것을 이해 못 하는 건 아니었다.

그럼에도 한 번씩 화가 나는 순간은 타인에 대한 남편의 지나친 배려심과 모든 사람에게 좋은 사람이 되려는 남편의 행동 때문이었다. 처음엔 그런 남편의 행동이 남들에게 인정받고 싶은 욕구라고 생각해서 사사건건 트집을 잡거나 다투지 않았다. 문제는 이런 일이 계속 반복되면서 어느 순간 본의 아니게 은주 씨가 악역을 맡아야 할 때가 종종 발생했다.

"좋은 게 좋은 거지."

"힘들 텐데 내가 도와줘야지."

"우리가 양보해야지."

남편은 늘 배려하고 희생하며 다른 사람들에게 좋은 사람이었다. 이제는 딸마저 "아빠가 또 그랬겠지, 뭐"라고 말할 정도다.

은주 씨도 좋은 사람이고 싶은데 남편 때문에 괜히 나쁜 사람이 되고 악역을 맡게 되었다. 그리고 남편의 행동을 오랜 시간 지켜보면서 '과연 저게 진짜 사람들이 원하는 걸까?' 하는 생각이 들었다. 타인을 배려하고 오히려 그들의 욕구에 따라 행동하는 모습이 상대방에게 진정 배려와 존중으로 느껴질까 싶은 의문도 들었다. 남편의 행동이 의도와 다르게 전달될 수도 있고 오해를 살 수도 있다. 그럼에도 좋은 사람이 되려고 애쓰는 모습을 보면 답답했다.

우리는 무조건 많이 베풀어야 한다고 배웠다. 베풀어야 복을 받고 그래야 좋은 사람이라고 생각했다. 그러나 지금은 사회적으로 많은 부분 변화되었다. 묻지도 따지지도 않고 베푸는 게 미덕으로 여겨지던 시대는 지났다. 이제는 상대의 의사와 감정을 정확히 물어야 한다. 지금은 대부분 크게 부족함 없이 살아간다. 필요한 것은 누구의 도움 없이도 찾을 수 있고, 쉽고 편하게 구할 수 있는 풍요로운 시대에 살고 있다. 그래서 남이 내 일에 간섭하거나 내가 남에게 신세 지는 것을 좋아하지 않는다. 변화하는 세상에 필요한 미덕이 무엇인지 이해하는 과정도 필요하다. 일방적인 선의는 상대에게 상처가 될 수 있고, 선의가 항상 좋은 결과만 가져오지는 않는다. 모든 사람에게 좋은 사람이기 위해 노력하는 순간, 가장 가까이에서 내 가족들의 마음이 힘들었다면 선의에 대해 다시 한 번 생각해 봐야 한다.

남을 돕고 베푸는 것도 인간 본성의 기본 요소이기에 타고난 기질과 관련이 있다. 이들은 왜, 무엇을 위해서 남을 돕고 배려하는 것일까? 브리티시컬럼비아대학교 사회심리학 교수 엘리자베스 던Elizabeth Dunn의 실험 결과를 보면, 인간은 물질적 보상보다 경험을 통한 행위로 행복감을 더욱 강렬하게 느꼈다.

실험에서 사람들에게 돈을 주고 시간을 보내라고 지시했다. 돈의 절반은 자기 자신에게 사용하는 개인 지출과 절반은 타인에게 쓰도록 했다. 그날 저녁, 시간을 보내고 온 사람들은 다른 사람에게 돈을 쓸 때 더 행복한 기분을 느꼈다고 보고했다. 전반적인 관계에 대한 광범위한 연구를 보면 돈과 행복 사이에서 더 많은 돈을 가진 사람들이 더 행복하다는 것을 보여 주었지만, 사람들이 자기 돈을 어떻게 쓰는지, 그 행위 또한 행복을 위해 중요하다는 것을 증명한다. 베푸는 것과 행복 사이에 긍정적인 관계가 있음을 보여 주는 또 다른 실험도 있다.

남에게 베푸는 것이 인간의 본성이라면 어린아이도 다른 사람들에게 주는 행위를 통해 행복을 경험할 수 있다. 2세 미만의 유아들에게 매력적인 간식 꾸러미를 주고, 간식 중 하나를 달라고 요청했다. 아이에게 간식을 인형에게 전해 달라고 부탁했고, 행복감을 비교하기 위해 아이들의 표정을 암호화했다. 아이들은 직접 간식을 받았을 때보다 인형에게 간식을 줄 때 더욱 큰 행복감을 보였다. 이는 성인과 아이들 모두 자신의 자원을 사용함으로써 정서적 이익을 경험하는 것을 알 수 있다. 이렇게 다른 사람들을 돕고, 남에게 베풀면서 보람을 찾으려는 행위는 인간의 타고난 기질일 수도 있다는 것을 암시한다.

친사회적 행위와 행복 지수의 관계를 알아보는 또 다른 연구 결과도 있다. 소득에서 친사회적 비용(가족에게 선물하기, 주변 사람들에게 밥 사기, 종교나 자선단체에 기부하기 등)으로 10분의 1을 사용했다. 소득과는 무관하게 친사회적 비용의 비율이 높을수록 행복 지수가 더 높았다. 돈은 개인이 자신에게 이익을 주기 위해 사용할 수도 있지만, 다른 사람들에게 돈을 쓰는 것은 자기 행복을 증가시키는 더 효과적인 방법을 제공한다는 의미이다. 즉 남에게 베풀기 좋아하는 사람들은 자신의 기본적인 욕구 충족과 정서적 만족을 위해 친사회적 행위를 실천하는 셈이다.

chapter 2

숨겨진 뿌리 :
흔들림의 시작

통제 너머에
숨겨진 불씨

　　나는 강의를 할 때 수강생들에게 질문을 많이 던진다. 그들의 말과 반응 속에서 기질의 단서를 포착할 수 있기 때문이다. 기질은 사람의 최초 반응에 가까워서 생각하고 정리된 말보다는 반사적으로 튀어나오는 표현이나 몸짓 속에 그 사람의 기질이 고스란히 드러나는 경우가 많다. 특히 긴장되거나 위험한 상황에서 기질은 자신도 모르게 솔직한 모습을 드러낸다. 마치 평온해 보이던 땅속에서 뜨거운 용암이 솟구치듯 예측할 수 없는 순간에 본능은 스스로 제어하기 어려운 방식으로 드러난다. 강의에서 이런 질문을 던진 적이 있다.

　"지금 여러분 앞에서 불이 난다면 어떻게 하시겠어요?"

질문이 끝나기 무섭게 여기저기서 수강생들의 답변이 들렸다.

"물을 뿌려서 꺼야죠."

"불을 끄고 119에 신고해요."

"119에 신고부터 하고 기다리는 동안 불을 꺼야죠."

"이불이나 젖은 천으로 덮으면 꺼질 수 있어요."

다양한 이야기들이 쏟아졌지만 의외로 내가 생각했던 가장 기본적인 대답은 나오지 않았다.

"여러분 불이 났는데 도망 안 가세요? 일단 대피하셔야죠."

화재가 발생했을 때 대피하는 것은 결코 비겁하거나 무책임한 일이 아니다. 물론 더 큰 화재로 번지지 않도록 초기에 할 수 있는 것을 하면 좋겠지만, 순식간에 불이 번질 수 있다. 그때 대피하는 건 인간의 본능적인 생존 반응이자 모든 구조의 전제 조건이다. 하지만 많은 사람은 자기 행동으로 불을 해결하려는 쪽에 집중했다. 이 반응들 속에서 나는 흥미로운 기질의 단면을 보았다. 특히 자극에 빠르게 반응하고 즉시 행동으로 이어지는 경향 그리고 위험 자체보다는 지금 내가 뭘 해야 할까에 초점을 맞추는 유형들 말이다. 이런 유형은 생각보다는 자신도 모르게 몸이 먼저 나가서 행동이 빠른 특징이 있다. 그때 30대 초반의 정은 씨가 조심스럽게 손을 들며 자기 경험을 들려주었다.

"불에 대한 질문을 하셔서 너무 또렷하게 기억나는 어린 시절의 경험이 있어요."

그녀는 동화책에 나오는 모닥불이 너무 예뻐 보여서 장작을 옮겨 놓고 직접 안방에서 불을 붙였던 일화를 들려주었다. 아무리 모닥불이 예뻐 보였어도 대부분의 아이에게는 상상으로 끝났을 장면이 그녀에게는 실제 행동으로 이어진 것이다. 장작에 불이 붙은 순간 순식간에 불길이 커졌고, 큰 사고로 이어질 수도 있는 상황이었다. 하지만 놀라운 점은 그녀는 도망치지 않았고, 놀라서 울거나 어른을 부르지도 않았다. 대신 물을 들이붓고 이불을 덮으며 온몸으로 불을 끄기 시작했다. 다행히 더 큰 화재로 이어지지는 않았지만, 안방 천장까지 까맣게 그을렸던 당시의 상황이 생생하게 기억난다고 말했다.

"저 그때 고작 일곱 살이었거든요. 근데 살면서 그때의 일이 떠오를 때마다 제가 왜 그랬는지, 왜 도망치지 않았는지, 도무지 이해할 수 없었어요. 그런데 기질 검사 결과와 강의를 듣다 보니까 조금씩 이해가 되기 시작했어요. 도무지 풀리지 않던 문제가 풀린 것 같아서 너무 신기해요."

정은 씨는 자극에 대한 반응성이 매우 높고, 동시에 위험회피 성향이 낮았다. 즉 위험한 상황에서도 두려움보다는 반사적인 행동이 앞서는 기질이었다. 그러나 그녀는 성장 과정에서 엄마의 강한 통제를 받으며 자라 왔다. 늘 조심성 있고 얌전한 아이로 지내야 했고, 실제로도 자신이 그런 줄 알았다. 그녀는 성인이 되어서도 가끔 충동적으로 일을 벌이고, 감정적으로 몰입한 상태에서 예상 밖의 행동을 하곤 했다. 그런데 자극추구 기질이 높게 나온 검사 결과를 마주한 순간, 자신의 과거 행동들이 하나둘 선명하게 떠올랐다. 그 장작불 사건도, 어른이 된 후 반복되던 예기치 못한 충동도 모두 내면에 억눌린 기질의 표현이었다는 것을 깨달았다. 그래서 평소에는 자신도 모르게 기질이 억눌린 채 살았지만, 극단적인 상황에서는 그 기질이 불씨처럼 튀어나온 것이다.

심리학자 클로닝거C. Robert Cloninger는 인간의 기질을 설명하면서 '자극추구'와 '위험회피'라는 상반된 두 성향이 조화를 이루는 방식에 주목했다. 어떤 사람은 새로운 자극에 끌리고 위험을 감수하며 행동하는 반면, 또 다른 사람은 변화보다는 안정과 예측 가능성을 선호하고 위험을 피하려 한다. 이 두 경향은 옳고 그름의 문제가 아니라 우리가 세상과 어떻게 마주하고 반응하는지를 설명하는 하나의 언어일 뿐이다.

자극추구는 새로운 경험에 대한 갈망, 위험 감수, 강한 감각 자극에 대한 선호, 충동성 등의 성향으로 나타난다. 자극추구 성향이 높은 사람들은 지루함을 참기 어렵고, 반복적인 일상보다는 변화와 흥분, 도전적인 상황에서 에너지를 얻는다. 이들은 자주 새로운 시도를 하며 사회적 규칙보다는 자신의 호기심과 감각을 기준 삼아 행동할 때가 많다. 문제는 이 기질이 억눌리거나 부정될 때 발생한다.

정은 씨처럼 가족이나 사회적 환경이 지나치게 규범적이고 통제적이면 자극추구 기질은 겉으로 드러나지 못한 채 내부에 축적된다. 억눌린 자극 욕구는 결국 조절되지 않은 방식으로 튀어나오며, 이때 그 표현은 당사자에게도 당황스러울 만큼 크고 예측 불가능하다. 특히 어린 시절, 통제와 억압을 자주 경험한 아이는 자신의 욕구를 표현하거나 탐색할 기회를 얻지 못해 충동 조절 능력이 충분히 자라지 못한다.

심리학자 마빈 주커먼Marvin Zuckerman 또한 자극추구 성향을 새롭고 복잡하며 강렬한 감각적·정서적 경험을 추구하는 경향으로 설명했다. 자극추구 성향이 높은 사람이 일상에서 더 강한 자극을 필요로 하며, 이들이 불확실한 상황이나 위험을 오히려 선호할 수 있다고 설명한다. 그리고 이 성향은 취향이나 선택이 아닌 기질적인 차원에서 안정적으로 유지되는 특성이다. 다시 말해 자극을 향한 갈망은 왜 그런지 모르게 자꾸 끌리는 것으로 나타난다.

하지만 흥미로운 점은 기질이 부정되고 억압될 때 자신조차 이해하지 못하는 '내 안의 나'가 튀어나와 오히려 숨겨진 불씨처럼 예상치 못한 순간에 타오른다는 점이다. 자극에 민감한 사람은 오랜 시간 그 자극을 억제하고 살아도 자신도 모르게 반응하는 결정적인 순간이 온다. 그것은 외부 자극이 특별해서가 아니라 내면 깊은 곳에 항상 그 불씨가 존재했기 때문이다. 당신 안에서 무언가가 타오른다면 그것은 결코 우연히 생긴 것이 아니다.

기질도 마찬가지다. 어떤 반응이 내 안에서 자꾸만 고개를 들고, 어떤 상황에 유독 마음이 쏠린다면 그것은 습관이나 성격의 문제로만 볼 수 없다. 그건 당신 안에 본래부터 있었던 기질의 흔적이다. 그 기질은 더욱 정교하게 이해하고 조율할 대상이다. 통제 아래 억눌려 있던 기질은 특정 상황에서 드러나게 되어 있다. 우리 안의 불씨를 두려워하지 않고, 스스로의 기질을 이해하는 일에서부터 변화는 시작된다.

정은 씨처럼 자극추구 성향을 지닌 사람은 평범한 장면 속에서도 특별한 감각을 포착한다. 타인은 그냥 지나치는 장면에서 깊은 감흥을 느끼고, 상상력을 행동으로 옮긴다. 그러나 그 행동이 충동적이거나 위험하게 보인다고 해서 그 사람 자체를 문제시할 수는 없다. 중요한 것은 그 기질을 억누르는 것이 아니라 이해하고 조율하는 것이다.

"제가 다른 건 몰라도 정확히 기억나는 건, 저는 그때 불장난이라는 건 제 머릿속에 아예 없었어요. 그 동화책 속에 모닥불이 정말 예뻤거든요. 그 아름다움을 표현하고 싶었는데 그걸 표현할 수 있는 방법도 모르고 기회가 없었던 것 같아요."

우리는 모두 기질이라는 불씨를 품고 있다. 어떤 이는 그 불씨를 꺼뜨리며 살아가고, 또 어떤 이는 자신조차 모르게 그것이 커다란 불꽃이 되어 터져 나오는 경험을 한다. 결국 중요한 것은 그 불씨를 어떻게 다루느냐다. 내 안의 불씨를 안전하고 건강한 방식으로 피워 낼 수 있을 때, 우리는 스스로의 본성과 화해하며 살아갈 수 있다.

'집중'이 아닌
'조절'의 문제

　　　　아무리 천성적으로 타고나길 긍정적인 사람이라고 해도 살면서 스트레스를 안 받는 사람은 없다. 스트레스는 우리 삶 깊숙이 자리 잡은 일상생활의 일부다. 평소 생활에서 불안감이나 스트레스가 쌓이면 일상의 응어리인 잔여 긴장이 되고, 이것을 적절하게 이완시켜 주지 않고 계속 반복되면 우리가 할 일에 집중하기 어려워진다. 그럴 때 불안이나 우울, 짜증, 화, 분노 같은 감정을 느끼고 이런 감정들이 진정되지 않으면 스트레스가 극에 달한다. 하루에도 열두 번씩 스트레스에 휩싸여 자신을 힘들게 하고 있다면 한 번쯤 돌아봐야 할 시기다. 스트레스에서 완전히 해방되기란 어렵지만, 감정 조절을 통해 스트레스를 조금 줄여 볼 수는 있다.

자신의 감정을 얼마나 조절할 수 있는가? 감정을 조절하기 위해서는 생각보다 많은 에너지가 필요하다. 왜 그럴까? 감정도 기질과 연관되어 있기 때문이다. 기질은 생물학적으로 타고나서 생애 초기에 나타나고 시간의 흐름과 상황에 걸쳐 안정적으로 나타나는 감정적, 행동적 반응성의 개인차를 의미한다. 감정은 기본적으로 타고나는 뇌의 기능이다. 누구나 즐거움, 행복, 기쁨, 슬픔, 두려움, 우울, 불안, 공포 같은 감정을 느낀다.

그러나 사람마다 뇌의 특정 영역이 발달되어 있는 것이 다르고, 편도체의 민감도도 달라서 반응이 다르게 나타날 수 있다. 예를 들면 사랑의 감정을 느끼긴 하지만 그 감정의 크기가 보통 사람들이 느끼는 것보다 작아서 연애할 때 상대방이 원하는 만큼 사랑을 주질 못하거나, 용서받지 못할 일을 저지르고도 죄책감을 느끼지 못하는 사람들도 있다. 타고난 뇌의 기능에 따라 반응도 이렇게 다르다. 물론 꾸준한 학습과 훈련을 통해 조절할 수 있지만 타고난 기능을 조절한다는 것이 그리 말처럼 쉬운 일은 아니다. 그래서 감정 조절에는 많은 에너지가 필요하다.

그렇게 에너지가 들어가는데도 불구하고 우리는 왜 감정을 조절해야 할까? 그 이유에 대한 다양한 이야기들이 있지만, 우리는 일상생활에서 마주하는 여러 상황에 대해 적절하게 반응할 수 있도록 감정을 조절해야 한다. 여기서 중점은 '적절하게'다. 고대 그리스 철학자 아리스토텔레스는 니코마코스 윤리학에서 "누구나 화를 내기는 쉽다. 그러나 적당한 사람에게, 알맞은 정도로, 합당한 때에, 옳은 목적을 위해, 제대로 화를 내는 일은 쉽지 않다"라고 말했다. 생각해 보면 화를 내지 말아야 할 상황에 불쑥 크게 화를 냈거나, 화를 냈어야 하는 상황에선 제대로 적절하게 화를 내지 못해서 내내 후회했던 일들이 한 번쯤은 있을 것이다. 화가 날 때마다 표현하고 살 수는 없지만, 화를 무조건 참고 살아야 하는 것도 아니다. 제대로 적절하게 반응하기 위해서 감정 조절이 필요하다.

30대 초반 은지 씨는 여섯 번의 이직을 했다. 다니던 회사를 퇴사하고 이직을 준비하던 중 지인의 소개로 강의를 신청했다. 강의가 한 학기 동안 진행되기 때문에 중간에 이직을 하게 되면 나오지 못할 수도 있었지만, 그래도 자신에 대해 알아갈 수 있는 좋은 기회라고 생각했다. 〈기질로 보는 심리학〉 강의는 기질의 이해부터 행동, 감정, 성격, 자아, 대인 관계로 이어진다. 초반에 조용하던 은지 씨가 자신의 이야기를 시작한 건 '감정' 파트였다.

가족, 친구, 직장동료, 사귀던 남자친구까지 모두 은지 씨의 끈기 부족과 산만함을 지적했다. 은지 씨는 강의실에서도 처음부터 눈에 띄었다. 매일 5분에서 10분 정도 늦었고, 뛰어 들어와서 자리에 앉자마자 가방에서 수많은 물건이 금방 책상 위를 가득 채웠다. 필기를 하다가도 펜을 여러 번 바꾸고, 원래 쓰던 펜이 어디 있는지 몰라 필통을 다 쏟아서 찾았다. 바스락거리는 소리도 자주 들렸고, 책상에 물건이 많아서 이것저것 만지다 커피를 쏟기도 했다. 어느 날 1교시가 끝난 후 쉬는 시간에 은지 씨가 조용히 다가와 수업을 방해해서 죄송하다는 말을 건넸다.

"선생님, 주변 사람들이 저보고 성인 ADHD 같다고 검사를 받아 보라고 하는데요. 선생님이 보시기에도 제가 그래 보여요? 어릴 때부터 산만하다는 말은 좀 들었어요. 직장을 자주 옮기니까 끈기도 부족하고 충동적이라고, 왜 그렇게 참을성이 없냐고 해서요. 직장은 충동적으로 그만둔 건 아니고요. 적성에 맞지 않는 일을 하다 보니 제 딴엔 참고 참다가 그만둔 건데 그게 병이라는 얘길 들으니까 제가 진짜 이상한 사람인가 싶어요."

언제부턴가 성인 ADHD라는 말의 정확한 의미를 모르고 너무 쉽게 내뱉는 말이 되었다. 내 주변에도 은지 씨처럼 조금 산만하거나 가만히 있지 못하고 몸을 많이 움직이거나 한 직장을 오래 다니지 못하는 사람들이 있다. 그럼 그들이 모두 성인 ADHD일까?

주의력 결핍·과잉행동 장애로 불리는 ADHD는 부주의, 과잉행동, 충동성의 세 가지 주요 영역을 특징으로 한다. 주로 유전적 기반의 신경 발달 장애로 소아기에 가장 많이 진단된다. 성인이 되어서 갑자기 진단받는 경우는 거의 없다. DSM-5(DSM-5는 정신질환 진단 및 통계 매뉴얼(약칭 DSM)의 2013년에 나온 다섯 번째 개정판으로 미국정신의학협회(APA)에서 발행한 분류 및 진단 절차이다. 미국에서 DSM은 정신병 진단을 위한 주요 권한을 제공한다)는 **ADHD를 평생 장애로 인식하**

고 있으며, 약 절반의 사례가 성인기까지 지속되는 것으로 알려져 있다. 환경이나 심리적 원인보다는 생물학적 요인이 더 크게 영향을 준다는 의미다. 간혹 어릴 땐 그러지 않았던 것 같은데 성인이 되어서 스트레스로 인해 ADHD가 된 것 같다고 말하는 사람도 있다. 자신이나 보호자가 ADHD 증상에 대해 올바르게 인식하고 평가하는 것은 어렵다. 또한 성인이 되어서 증상이 나타나는 방식은 어린 시절의 증상과 다를 수 있다. 성인이 되면 교육과 사회 활동을 통해 자신의 증상에 대처하는 법을 배우고, 이렇게 개발된 대처 시스템과 전략은 근본적인 증상의 발현을 가릴 수 있다.

　은지 씨는 어린 시절부터 남들보다 조금 산만하긴 했지만, 활동적이고 에너지 넘치는 아이였다. 축구 선수와 태권도 선수를 꿈꿨을 만큼 운동도 좋아하고 재능을 보였다. 그런데 보수적이고 무뚝뚝했던 아버지에게 여자답지 못하다고 자주 꾸중을 들었다. 운동하면서 뛰어놀 때가 제일 행복했던 아이는 부모님의 뜻대로 영어·수학 학원에 다니며 학창 시절을 보냈다. 학교와 학원에서 주의집중에 문제가 있는 것 같다는 말을 들었는데, 부모님은 왜 공부를 안 하냐고 다그칠 뿐이었다. 부모님 성화에 어떻게든 대학도 입학해서 다녔지만, 전혀 모르고 관심도 없었던 세무학과를 전공했다. 대학 졸업 후 취업한 회사는 은지 씨에게 답답함 그 자체였다. 숫자로 세상을 이해하고 그것을 서류로 작성하는 업무들이 도무지 적성에 맞지 않아 일 년을 채우지 못하고 그만두는 일이 잦았다.

그럴 때마다 가족과 친구들은 좀 참아 보지 그새 또 그만뒀냐고 한심하게 바라보곤 했다. 은지 씨는 이런 일이 반복되면서 긍정적이고 에너지 넘치던 어린 시절의 모습은 사라지고 부정적인 감정을 자주 느끼는 자신을 발견했다.

기질 이론에서는 일반적으로 부정적 감정성과 긍정적 감정성을 구별한다. 이는 개인이 다른 수준의 감정을 경험할 때 나오는 두 가지 반응적 기질 특성이다. 불안과 우울 같은 부정적인 감정은 감수성을 의미하는 반면, 명랑함과 적극적 참여 같은 긍정적인 감정은 반응성을 의미한다. 여러 연구에서 기질과 정신병리학 사이의 연관성을 보여 주었다. 우울증의 초기 생물학적 영향 모델은 우울증에 대한 기질적 취약성으로서의 긍정적 감정의 역할을 강조한다. 높은 부정적 감정이 정신병리학의 일반적인 위험 요인으로 작용하는 반면, 낮은 긍정적 감정은 우울증의 특정 위험 요인으로 작용한다. 이러한 이론적 전제는 낮은 수준의 긍정적 감정이 어린이, 청소년 및 성인 모두에서 우울 증상을 예측한다는 것을 여러 연구로 입증하였다.

ADHD는 생물학적으로 타고나는 것이기 때문에 기질적으로 발병하는 경우가 많다. 간혹 우울증과 동반 증상으로 나타나기도 해서 전문적인 상담을 통해 정확한 감별이 필요하다. 산만하고 주의력이 부족하다고 ADHD라고 생각하는 건 섣부르다. 특히 성인 ADHD는 부적절한 정도의 심한 분노를 조절하지 못하는 모습을 보인다. 감정 조절을 하지 못하는 것이 진단 기준의 전부는 아니지만, ADHD를 앓고 있는 많은 성인이 충동적이고 부적절한 정도의 분노를 표현하고 감정 조절을 힘들어하는 경우가 많다. 이는 심성心性의 문제가 아니라 뇌 기능의 저하 때문에 나타나는 증상이다.

- 스트레스를 받는다는 이유로 충동적으로 무절제하게 돈을 마구 쓴다.
- 자신의 행위가 타인에게 상처를 주는 행동인지 생각하는 능력이 저하된다.
- 자신의 분노가 옳은 상황에서 적절했는지 판단하기 어렵다.
- 순서를 기다려야 할 때 극심한 조급함을 느낀다.
- 일을 잔뜩 벌여 놓고 마무리 짓지 못해 불안감을 느낀다.
- 실수가 잦고 중요한 것을 빠뜨려 일을 망치고 분노를 느낀다.

이런 증상이 나타나고 있는지 확인해 볼 필요가 있다. 또한 타인의 감정적 반응을 인식하고 적절하게 표현하는 능력은 사회적 맥락에서 상호작용을 위해 중요하다. ADHD를 앓고 있는 사람들은 사회적 상호작용에 어려움을 겪으며, 성인이 되면 우울 및 불안뿐 아니라 낮은 성적 또는 높은 실업률과 연관성이 발견되었다. 건강보험심사평가원에 따르면 2018년에서 2022년까지 6년간 ADHD 진단 환자 중 성인 비율이 5.1배 늘었다. 많아지고 있는 건 분명한 사실이지만 산만함이나 집중력만으로 판단할 문제는 아니다. '집중'의 문제만이 아닌 '조절'의 문제로 보아야 한다. 감정이 타고난 뇌의 기능이고 ADHD가 생물학적으로 타고나는 거라면 기질과 감정 그리고 ADHD는 깊은 연관이 있다는 의미다. 감정과 행동을 조절하지 못해 생활 전반에 어려움이 나타나고, 이것이 자꾸 반복되면, 관계에서 갈등이 생겨 우울감을 느끼거나 2차적인 심리 문제도 발생할 수 있다.

    은지 씨는 생활에 어려움이 있을 만큼 감정 조절이 안 되는 건 아니라고 했다. 적성에 맞지 않는 일을 하루 종일 사무실에 갇혀서 하려니 답답하고 좀이 쑤셔서 우울감을 조금 느끼는 정도였다. 우울증 초기일지 성인 ADHD일지 아무 문제가 없는지는 정확한 진단을 해 봐야 할 것이다. 적어도 은지 씨는 우리에게 인간이 자신의 기질대로 살지 못하면 이렇게 힘들고 방황하게 된다는 것을 알게 해 주었다.

'실수'가 아닌 '선택'

 옛말에 '맞은 사람은 발 뻗고 자고, 때린 사람은 오그리고 잔다'고 했다. 속담이나 옛말이 시대와 상황에 따라 맞지 않을 수 있지만, 이 말이 맞는 경우는 본 기억이 별로 없다. 오죽하면 구로사와 아키라 감독은 영화 제목을 〈나쁜 놈일 수록 잘 잔다(2004)〉라고 했을까.

 사람은 모두 어느 정도의 악을 지니고 있다. 그 누구도 절대적으로 선할 수만은 없다. 때로는 자신의 이익과 행복만을 위해 악을 행한다. 나쁜 짓을 하고도 남 탓으로 돌리며, 나는 선하고 타인은 악하다고 생각한다. 대부분 인간은 자신에게는 관대하고 남에게는 엄격하다. 자기 잘못은 어쩔 수 없는 일이었다고 변명하면서 타인의 잘못은 절대 일어나서는 안 되는 일이라고 비난한다.

 이런 과정에서 수없이 많은 상처를 주고받는다. 대부분 상처는 아물게 마련이지만 너무 깊은 상처나 상처가 채 아물기도 전에 또다시 상처를 받으면 지워지지 않는 흉터로 남는다. 삶에서 겪는 큰 상처가 되는 일 중에는 믿었던 사람에게 배신당하는 경험이 있다. 어쩌면 우리는 배신이란 단어를 너무 멀리 있는 것으로 생각할지도 모른다. 자기 행동은 배신이 아니라 어쩔 수 없었던 행위라고 치부하기 때문이다. 하지만 안타깝게도 배신은 우리 삶 곳곳에서 흔히 볼 수 있는 일이 되었다. 배신자들은 대체로 자기 행동에 대해 별것 아닌 것으로 생각하거나 쉽게 잊는다. 어쩔 수 없었다며 합리화를 하기도 한다. 반면에 배신당한 사람은 잠을 못 이루고 슬픔에 빠져 우울해진다. 그러다 자신을 탓하고 해치는 행동을 하기도 한다.

 특히 부부 사이에서 일어난 배신이라면 그 충격은 이루 말할 수 없다. 부부 사이에 배신은 배우자의 외도와 불륜이 제일 많이 발생하는 일이다. 요즘 세상에 외도와 불륜이 그리 큰일이 아니라고 말하는 사람들도 있지만, 사랑하는 사람의 배신은 여전히 충격적이다. 평생 함께하기로 약속하고 결혼한 배우자의 외도를 경험한 사람은 정신적, 정서적, 행동적 균형의 상실 등을 겪으며 큰 아픔을 경험한다. 배우자의 불륜은 외상 후 스트레스와 비슷하다. 충격, 혼란, 분노를 포함한 증상들, 우울증, 자존감 손상 그리고 다양한 신체적 증상까지 나타날 수 있다.

영국 런던 공립대학교 유니버시티 칼리지 런던의 심리학 교수 닐 가렛Neil Garrett은 '뇌는 부정행위 하는 것에 익숙해진다'는 연구를 통해 부정행위를 하는 횟수가 늘어날수록 뇌에서 감정 처리를 맡은 편도체 부분의 활성도가 떨어진다는 것을 확인했다. 연구에 참여한 참가자들이 처음 부정행위를 할 때는 뇌의 편도체 부분에서 상당한 변화가 감지됐지만, 부정행위가 늘어날수록 편도체 활성화가 감소했다. 연구진은 이 연구 결과를 외도 행위와 연결 지어 설명했다. 외도한 경험이 있는 사람은 처음에는 외도한 것에 대해 미안한 마음이 들다가 이후에 서서히 횟수가 늘면서 상대를 속이거나 거짓말을 하는 행동 등 부정직한 행동에 대한 죄책감이 상대적으로 덜하고 아무렇지 않게 느껴질 수 있다고 언급했다. 이 연구 결과는 작은 부정행위로 시작되는 것이 더 큰 위반으로 확대될 수 있는 '미끄러운 경사 이론'을 지지하는 생물학적 메커니즘을 밝혀냈다.

미국의 정치가 셔먼에 의해 주장된 미끄러운 경사Slippery Slope는 작은 호의를 받는 것에 익숙해진 경찰관들이 결국 큰 부패에 연루될 수 있다는 가설이다. 비윤리적인 행동이 습관화될 경우 더 큰 위반으로 눈덩이처럼 불어나기 시작할 수도 있다. '바늘 도둑이 소도둑 된다'는 우리 속담과 유사한 의미다.

30대 중반 지영 씨는 남편의 외도로 이혼 소송을 진행 중이다. 처음 외도 사실을 알았을 땐 믿을 수 없었고, 한편으로는 진짜 사실일까 두려운 마음에 남편에게 직접 묻지 못했다. 그럴수록 남편의 행동은 점점 과감해졌다. 뻔히 거짓말인 게 티가 나는데 거짓말 횟수가 많아졌고, 이전에 없었던 출장도 늘어났다. 남편도 지영 씨가 자신의 외도 사실을 눈치챘다는 것을 느꼈지만, 아무 말 하지 않았다. 이미 서로가 알고 있는 상황에서 누가 먼저 터뜨리느냐가 문제였다. 지영 씨는 몇 개월 동안 눈치 보며 혼자 속앓이를 하다가 남편에게 사실 확인을 했다. 다 알고 있지 않았냐는 남편의 대답에 허무함과 배신감, 분노의 감정들이 뒤섞여 혼란스러웠다.

그 뒤로 남편은 아무 말 없이 대담하게 외박을 일삼았고, 지영 씨는 아무것도 하지 못한 채 시간이 흘렀다. 더 이상 혼자 끌어안고 있기엔 너무나 버거운 일이 되었고, 주변 사람들에게 고통스러운 자신의 마음을 털어놓기 시작했다. 그러나 고통이 덜어지기는커녕 더 큰 고통이 되어 지영 씨를 힘들게 했다.

"결혼 생활 오래 하다 보면 그냥 넘겨야 할 일들이 많아."

"이제 신혼도 아니고, 남자들 한 번쯤 다 실수한다더라. 같이 살려면 이런 건 넘어가야지."

"아직 애가 없어서 그런 거 아니야? 아기를 빨리 가져."

"남자가 사회생활하다 보면 그럴 수도 있지."

특히 시어머니는 이 모든 일이 지영 씨가 아직 아기를 갖지 않아서라며 지영 씨 탓으로 돌렸다.

우울감과 무기력으로 지쳐 있던 지영 씨는 자기 잘못이라며 자책하기 시작했다. 그러다 사람들의 이야기에 세뇌당한 듯 남편의 실수일 거라 믿고 기다리기로 마음먹었다. 남편이 집에 오면 아무 일 없었던 것처럼 대화를 시도하면서 같이 밥을 먹고 일상을 되돌리기 위해 부단히 애썼다. 남편의 태도는 크게 달라지지 않았지만, 지영 씨는 이 상태라도 유지하고 싶었다. 지영 씨 부부가 심리검사를 받은 것도 이때 쯤이었다. 남편에 대해서 조금이라도 더 알고 싶었던 지영 씨가 지인을 통해 기질과 성격 검사를 신청했다.

TCI(Temperament and Character Inventory)(클로닝거 박사의 심리생물학적 인성 모델에 기초하여 개발된 검사. 기존의 다른 인성검사와 달리 한 개인의 기질과 성격을 구분하여 측정할 수 있다는 장점이 있다) 검사 결과 남편은 모험 추구, 즉 자극추구 성향이 매우 높았고, 반사회성 성격장애로 아내가 힘들어 하는 부분에 대해서 전혀 공감하지 못했다. 물론 남성과 여성의 기질에도 차이가 있고, 사람마다 다른 점도 있다. 문제는 본인의 행동에 대해 죄책감을 느끼지 못하는 남편의 태도에 지영 씨는 할 말을 잃었다. 남편의 외도 상대가 연상의 유부녀라는 사실도 처음 알게 되었다. 남편은 아내에게서 느낄 수 없었던 편안함과 이해심이 넓은 모습에 끌렸다고 말했다. 지영 씨의 상처는 더욱 깊어졌지만, 그럴수록 이혼은 하지 않겠다고 버티면서 남편의 실수일 뿐이라고 모든 상황을 부정했다.

"남편의 행동이 '실수'가 아니라 '선택'이라면…. 어떻게 하시겠어요?"

"………………"

지영 씨는 아무런 대답도 하지 않았다. 한순간의 실수였다면 정말 한 번으로 끝났어야 했고, 본인이 괴롭고 상대에게 미안한 마음이 들어야 했다. 6개월 이상 외도로 관계를 이어 온 것은 단순히 실수라고 보기는 어렵다. 관계가 형성되는 건 그만큼의 시간과 두 사람의 선택, 노력이 있어야 가능한 일이다. 만약 실수라고 해도 실수가 반복되면 그것은 선택이다.

기본적인 삶의 패턴에서 윤리적으로 벗어난 행위를 일탈 행위라고 한다. 결혼 생활의 안정을 깨는 일탈 행위는 배우자의 외도와 폭력, 중독 등이 있다. 일탈 행위를 하는 이유에는 여러 가지가 있다. 우리의 뇌는 본능적으로 더 자극적인 것을 좋아한다. 양다리 연애나 외도가 위험하면서도 짜릿한 건 비밀이 있어서다. 지영 씨 남편이 높게 나왔던 자극추구 성향은 새롭고 신기한 자극에 끌리면서 행동이 활성화되는 유전적 경향성을 말한다. 새로운 자극을 추구하는 성향은 스트레스를 많이 받게 되면 더욱 취약해질 때가 있다. 기질적으로 자극추구 성향이 높은 사람이라면 자신도 모르게 하지 말아야 할 행동을 하게 될 가능성도 높다.

자극추구 성향이 높으면 모두 외도를 하는 건 아니지만, 충동성도 높고 반사회적인 기질까지 있었던 지영 씨의 남편은 이런 부분들이 외도에 영향을 미칠 수 있다. 반사회성 성격장애는 얼핏 정상적이고 차분해 보일 수 있으나 상대의 감정에 무감각하고 무관심한 태도를 보인다. 그리고 상대에게 자신이 끼친 해악에 대해 반성하지 않는다. 배우자로서 충실하지 못하고 사회적 책임에 무책임한 모습으로 비윤리적인 문제행동에 대해 죄책감이 없다. 공감 능력이 부족했던 지영 씨 남편은 자신의 외도로 아내가 받은 상처에 공감하지 못하고 무심했다. 충동적인 행동과 자기 조절, 절제가 부족하면 외도의 문제로 나타날 수 있다.

미국 대통령 빌 클린턴, 골프선수 타이거 우즈, 영화배우 브래드 피트 등 외도로 떠들썩했던 유명인들의 사례에서도 알 수 있는 것은, 그들의 외도가 짧게 혹은 단 한 번으로 끝나지는 않았다는 점이다. 이런 점에서 연인이나 배우자가 있으면서 다른 이성에게 끌리는 데에는 상대를 사랑하는지도 중요한 부분이지만, 내가 무엇을 더 원하는지 생각해 봐야 한다. 새로움에 대한 호기심은 배고픔과 갈증만큼 본질적인 것이라고 해도 인생이 늘 새롭고 짜릿할 수만은 없다. 그래서 우리는 욕망을 부정하기보다는 그것을 어떻게 조절하고 책임질지를 스스로에게 물어야 한다.

마음의
미세한 진동

　인간관계의 폭이 넓고 다양한 활동을 하는 사람, 어떤 일에도 상처받지 않고 대수롭지 않게 넘기는 쿨한 사람을 멋지다고 말한다. 반대로 비사교적이고 까칠하며 걱정이 많고, 자신의 속마음을 잘 드러내지 않는 쿨하지 못한 사람은 예민하고 민감한 사람으로 여겨진다. 오늘날 우리 사회에서 민감한 사람들에 대한 인식은 부정적인 면이 강하다. 주변에서 "너 좀 예민한 것 같아", "뭘 그렇게까지 반응해?" 이런 말을 듣는다면 자신에 대한 고민이 시작된다. 우리는 왜 쿨하지 못하면 미안해야 할까?
　괜히 놀림감이 될까, 나 때문에 다른 사람들에게 피해를 줄까 싶어 자신의 성향을 숨긴다. 변해야 한다고 끊임없이 부추기는 사회에서 남들보다 민감한 자신을 사랑하는 방법을 배우지 못하고, 타인의 기대에 맞추기 위해 자기 자신을 바꾸려고 끊임없이 애쓰고 노력한다. 사회적 압박과 시선 때문에 자신의 특별한 재능을 인지하지 못하고 살아간다. 남들보다 조금 높은 민감성은 결함이 아니다. 그러나 많은 이들이 자신이 민감한 사람인 줄도 모르고, 민감성 기질에 대해 잘 알지 못해서 정신적, 감정적으로 어려움을 겪으며 살아간다. 주변인의 비난으로 자존감이 저하되고 자신을 이해해 주는 사람이 없다는 생각에 혼자 고립된 느낌을 받는다.

통계에 의하면 인구의 약 20%, 다섯 명 중 한 명은 매우 민감한 사람, 즉 초민감인Highly Sensitive People, HSP이다. 민감한 기질 또한 타고나는 유전적 요인이 강하다. HSP는 그렇지 않은 사람들에 비해 창의적이며, 타인에 대한 감정 이입 능력과 타인은 보지 못하는 것을 감지하는 통찰력이 탁월하다. 그래서 타인을 돕는 직종에 종사하는 경우가 많다. 처음에는 민감성이 주로 취약성으로 간주되었다. 그러나 후속 이론들을 통해 민감한 사람들이 긍정적이고 부정적인 환경 조건과 자극에 더 강한 효과와 반응을 경험하는 것으로 나타났다.

난초와 민들레의 비유는 사람들의 '환경 민감성' 차이를 설명하는 데 사용된다. 이 비유에 따르면 사람들은 대체로 두 가지 유형으로 나뉜다. 민들레형 사람들은 긍정적이든 부정적이든 환경의 영향을 비교적 덜 받는 유형이다. 웬만한 환경에서는 안정적으로 자라며, 외부 스트레스나 변화에 덜 민감하게 반응한다. 이들은 전체 인구의 약 80% 정도로 추정된다. 난초형 사람들은 환경에 매우 민감하게 반응하는 소수(약 20%)의 사람들이다. 이들은 스트레스나 부정적인 환경에서는 쉽게 위축되지만, 지지적이고 긍정적인 환경에서는 탁월하게 성장하고 번영할 수 있다. 즉 민감성이 양날의 검처럼 작용하는 것이다. 이러한 민감성은 유전적 요인, 신경생리학적 특성, 심리적 기질(감각 민감성, 정서 반응성) 등과 관련이 있다.

미국의 심리학자 일레인 아론Elaine Aron 박사는 연구를 통해 초민감성은 타고나는 성격적 기질이며 장애나 질병이 아님을 입증했다. 그러나 민감성이 높은 기질이 부정적인 환경에서 자랐을 때, 심리적 문제뿐만 아니라 스트레스와 관련된 문제의 위험과도 관련이 있다고 나타났다. 반대로 삶에서 긍정적인 사건에 노출된 초민감인은 더욱 발전하고 자기 일을 잘 수행할 수 있으며, 평온한 상태에서는 작은 일에도 더 깊은 행복감을 느낀다.

감각처리 민감성Sensory Processing Sensitivity, SPS은 부정적 환경과 긍정적 환경 모두에 대한 민감도의 개인 간 차이를 설명하는 일반적이고 유전적으로 보존된 기질적 특성이다. SPS가 부정적인 환경에 대응하여 스트레스 관련 문제의 위험을 증가시키지만, 긍정적이고 안정적인 경험으로부터 더 큰 이점을 제공한다는 것을 알 수 있다. SPS는 환경에 대한 민감성을 반영하는 기질 및 성격 특성인 내향성(또는 낮은 외향성), 신경증(또는 과민성·부정적 감정성), 경험에 대한 개방성이 환경 영향에 대한 반응성 증가와 관련이 있는 것으로 나타났다.

30대 직장인 지희 씨는 더 이상 회사에 다니기 힘들어 휴가를 내고 잠시 쉬는 상황이다. 누구보다 열심히 일했지만 남은 건 극도의 피곤함과 불면증뿐이었다. 남들에게 신세를 지거나 피해 주는 걸 싫어해서 이것저것 해야 할 일이 생기면 자신이 솔선수범하며 모든 일에 최선을 다했다. 그럼에도 칭찬보다는 간혹 실수를 지적받을 때마다 혼자 크게 상처받고 자신은 쓸모없는 사람이라며 자책하곤 했다. 다시는 그러지 않겠다고 생각해도 자신도 모르게 온 힘을 쏟고 늘 피로에 지쳐 있었다. 지희 씨에게 무엇을 위해 그렇게 열심히 했는지 물었다.

"누군가는 해야 할 일이고, 옆에 앉은 동료는 집이 멀어서 출퇴근 자체를 너무 힘들어했거든요. 그러니까 제가 할 수 있는 건 미리 해 두면 모두에게 도움되고 시간도 절약할 수 있으니까 좋지 않을까, 그게 효율적이라고 생각했어요."

"지희 씨 혼자 그 일들을 다 하는 게 효율적일까요?"

"아침마다 늦어서 사무실에 뛰어 들어오는 동료가 자리에 앉자마자 피곤하다, 힘들다, 얘기하면 저까지 괜히 피곤하고 진이 빠지는 느낌이었어요. 그래서 저를 위해서 동료 일도 조금씩 미리 해

두기 시작했던 것 같아요."

지희 씨의 얘기를 들은 다른 수강생들이 웅성웅성대기 시작했다.

"그러면 버릇된다."

"고마운 줄 모르고 당연하게 생각한다."

"나중엔 오히려 무시한다."

"혹시라도 서운한 일이 생기면 누가 해 달라고 했냐고 오히려 큰 소리 칠 거다."

마치 내 일인 것처럼 이런저런 얘기들이 오갔다. 지희 씨처럼 민감성이 높은 사람들은 높은 감정 이입으로 공감 능력이 뛰어나고 타인의 감정과 에너지를 스펀지처럼 흡수한다. 유난히 공감 능력이 뛰어난 초민감인은 감정 이입이 지나쳐서 타인의 감정도 자신의 것처럼 느끼며 고통받는다. 그러다 보니 에너지 소모가 크고 스트레스와 감정 소모를 감당하기 힘들어진다. 타인에 대한 배려심이 깊은 부분은 긍정적이고 멋진 사람으로 보이지만, 그 이면에는 감정적으로 매우 민감하여서 스스로 더욱 힘든 상황이 될 수 있다.

지희 씨는 처음에 자신이 평범하고 보통 다른 사람들도 이러는 줄 알았는데 사회생활을 하면 할수록 내가 좀 이상하고 특이한 건가 생각했다. 특히 오전에 자신에게 모욕적으로 언성을 높였던 직장 상사가 잠시 후 점심 메뉴는 뭘 먹을 거냐고 말을 걸어올 때, 자신이 어떻게 받아들여야 할지 모르겠다며 난감해했다. 보고서를 퇴짜맞고 공개적으로 일을 못한다는 말을 들어도 남들에게 약점을 보이는 것 같아 눈물도 꾹 참고 약한 모습을 보이지 않았다. 그렇다고 그 일이 이렇게 빠른 시간에 아무 일이 아닌 게 되는 건 이해하기 힘들었다. 지희 씨는 상사의 말투, 감정, 눈빛이 여전히 생생하게 느껴지는데 상사는 마치 모든 걸 잊은 듯 편하게 농담까지 건넸다.

지희 씨가 이런 이야기를 밖으로 하지 않는 이유는 그럴 때마다 들었던 말이 오히려 상처가 됐기 때문이다.

"그걸 아직도 기억하고 있어? 좀 편하게 살아. 그렇게 일일이 다 기억하고 담아 두고 살면 피곤하지 않아?"

"난 어제 일도 잘 기억이 안 나. 그냥 잊어. 그럼 편해."

"그걸 그렇게 진지하고 예민하게 받아들였어? 그래서 사회생활 어떻게 하려고?"

결국 지희 씨만 쿨하지 못한 사람이 됐을 뿐 위로가 되는 말을 들어본 기억이 거의 없었다.

초민감인[HSP]은 고통에 민감하고 불면증이나 만성피로, 소화기 문제, 알레르기 등의 문제로 고생하는 경우가 많다. 이는 타인의 감정, 목소리, 향기, 분위기 등 너무 많은 정보에 민감하기 때문이다. 물리적으로 주위 환경으로부터 과도한 자극을 줄이는 것이 필요하다. 지희 씨처럼 과한 책임감으로 고생하고 있다면 모든 일이 내가 해야만 진행되는 건 아니라는 사실을 기억하면 마음이 조금은 편안해질 수 있다.

스위스의 정신과 의사이자 심리학자인 카를 구스타프 융Carl Gustav Jung은 "극도의 민감성은 인격을 풍요롭게 만든다. 단지 비정상적이고 어려운 상황에서만 이러한 장점이 매우 심각한 단점으로 바뀐다. 그것은 민감한 사람들의 침착하고 신중한 성향이 갑작스러운 상황으로 인해 혼란을 겪기 때문이다. 그러나 극도의 민감성을 본질적으로 병적인 성격의 구성 요소로 간주하는 것은 심각한 오류다. 그렇다면 우리는 인류의 4분의 1을 병적인 사람으로 규정해야 할지도 모른다"라고 말했다.

인간은 누구나 타인과 교류하면서 살아가다 보면 기본적인 예의도 지켜야 하고, 나와 주변의 상황에 따라 민감하게 반응할 때도 있다. 타고난 기질이 예민한 사람들은 보통의 사람들보다 좀 더 민감하게 반응하는 경우도 있지만, 그것이 꼭 장단점으로만 구분 지을 수는 없다. 풍부한 내면세계를 가지고 있고 다른 사람들보다 조금 더 많이 느낄 뿐이다. 민감한 기질은 깊은 내면의 풍요로움이자 세상을 느끼는 특별한 방식이다. 비록 세상의 소음 속에서 때로는 힘들고 지치더라도 그 미세한 진동을 받아들이고 자각하는 순간, 자기 자신과 더 깊이 연결될 수 있다.

질투의 대상과
거리

　　　　인간은 자신이 가지지 못한 것을 원하고 갈망한다. 그래서 질투가 시작된다. 질투는 무엇에 대한 강렬한 갈망으로 생기는 감정이다. 그런데 그 질투의 감정이 참 미묘해서 질투를 느끼는 사람이 무엇 때문에 그런 감정이 들었는지 인식하지 못할 때도 있다. 반대로 누군가가 나를 질투할 때도 내가 질투를 받고 있는지 모를 수 있다. 일반적으로 질투하는 대상은 두 가지로 볼 수 있다. 우리가 탐내는 욕망의 대상과 우리가 탐내는 것을 소유한 선망의 대상이다.

　백조처럼 아름다운 목소리를 지니고 있던 솔개가 말 울음소리를 듣고 그 소리가 마음에 들어 자꾸 흉내를 냈다. 그러나 아무리 열심히 따라 해 보아도 도저히 말의 울음 같은 소리는 얻을 수 없었고, 오히려 자기의 본래 목소리도 잃게 되었다. 결국 솔개는 본래의 아름다운 목소리도 아니고 말 울음소리도 아닌 엉뚱한 소리로 노래하게 되었다. 〈이솝 우화〉에 나오는 솔개와 백조 이야기다. 말의 울음소리를 갖고 싶었던 솔개처럼 우리는 자신이 탐내는 것, 욕망의 대상을 질투하면서 손안에 없는 것을 바라고 손안에 있는 것이 얼마나 좋은지 쉽게 잊는다.

우리 속담에 '사촌이 땅을 사면 배가 아프다'라는 말이 있다. 미국의 소설가 고어 비달은 "친구가 성공할 때마다 나는 조금씩 죽는다"라고 말했다. 두 이야기에 공통점은 무엇일까? 바로 질투와 가까운 사람이다. 우리가 탐내는 것을 소유한 사람, 선망의 대상을 질투하는 감정이기도 하다. 워런 버핏이 주식으로 많은 재산을 불렸다고 해도 질투하는 사람은 거의 없다. 자신과 비슷한 처지였거나 가까운 사람이 투자로 대박을 터트렸다는 소식을 듣는다면 얘기가 달라진다. 당장 부러움을 넘어 질투의 감정을 느낄 수 있다.

앞의 속담과 고어 비달의 표현 속에는 사촌과 친구가 등장한다. 질투의 대상과 거리는 최소한 사촌은 돼야 배가 아프고, 근접 상태에서 더 많은 영향을 받는다는 것을 알 수 있다. 형제자매, 친구 사이, 연인, 부부, 사촌 등 그 사람이 자신과 얼마나 가까운지가 관건이다. 대상이 자신과 너무 동떨어지고 차이가 크게 나면 질투가 생기지 않는다. 자신과 상대와의 거리가 밀접할수록 질투의 불길은

활활 타오른다. 소설가 알랭 드 보통은 《불안(정영목 옮김, 은행나무, 2012)》이라는 에세이를 통해 질투를 언급했다.

"우리는 우리 자신이 같다고 느끼는 사람들만 질투한다. 우리의 준거집단에 속한 사람들만 선망한다는 것이다. 가장 견디기 힘든 성공은 가까운 친구들의 성공이다."

우리가 수백억 달러를 상속받았거나 세계에서 가장 부유한 자산가 혹은 이미 세상을 떠난 유명한 예술가에게 질투를 느끼는 경우는 드물다. 일반 병사는 상병이나 제대를 앞둔 사람들을 질투할 수 있지만, 장군에게는 질투심을 전혀 느끼지 않는다. 그들과 경쟁하지 않기 때문이다. 그저 부러워하고 경탄하는 것에서 그친다. 그러나 친한 친구인데 자신보다 인기가 많거나, 학부모 모임에서 자주 만나는 사람이 더 좋은 아파트로 이사를 한다거나, 가까운 동료가 주식으로 수천만 원을 벌었다는 얘기를 들으면 마음이 달라진다. 동시대를 살아가며 비슷한 분야에 종사하고 같은 집단에 속해 있는 사람에게 질투를 느끼게 마련이다. 상대가 성취한 부와 행복의 크기가 나도 해 볼 수 있을 것 같은 마음이 들 때 질투가 솟구친다. 질투는 나와 가깝고 만만할수록 더 크게 폭발해서 마음을 괴롭고 힘들게 한다.

주영 씨의 사례는 여성 수강생들에게 많은 공감을 얻었다. 주영 씨는 건강을 위해 필라테스를 배웠다. 건강이 좋지 않았는데 필라테스를 하면서 몸이 조금씩 회복되는 게 느껴졌다. 안 쓰던 근육을 쓰는 건 힘들었지만, 점차 몸도 풀리고 변화되어 가는 자기 모습에 성취감도 느꼈다. 건강과 취미로 시작한 필라테스의 매력에 빠져 전문 강사 과정까지 등록하며 자격증 준비를 하기로 했다. 그때 전문 강사 과정을 준비하는 사람들 모임에 처음 참석했다. 실력도 중요하지만, 새로운 정보도 얻고 다양한 사람들을 알아 두면 도움이 될 것 같았다.

처음에는 모든 게 좋았다. 주영 씨보다 일찍 준비를 시작한 사람들이 정보도 공유해 주고 경쟁보다는 함께한다는 느낌에 든든한 마음마저 느꼈다. 우리는 새로운 집단에 들어간 후에는 일정 시간 동안 동일한 집단에 속해 비슷한 사람들끼리 일정 기간 함께 나누며 생활한다. 초기에 같은 집단에 속해 있다는 것만으로 질투심을 느끼지는 않는다. 문제는 서로 가까워지고 몰랐던 사실에 대해 알게 되면서 서로를 비교하고 질투가 시작된다.

주영 씨는 모임에서 집도 가깝고 말도 잘 통하는 언니 한 명과 친해졌고, 모임 외 개인적인 만남을 갖기도 했다. 두 사람 사이의 거리가 가까워질수록 서로의 고민 이야기를 나누는 것도 자연스러웠다. 그런데 언제부턴가 그 언니가 두 사람이 나눴던 주영 씨의 이야기를 사람들이 모두 모인 모임에서 꺼내기 시작했다. 사내 연애 경험부터 집안일까지, 조금 민망할 수도 있는 얘기로 주영 씨를 곤란하게 만들었다. 몇 번을 참다가 함께 집에 가는 길에 얘기했다.

"그런 얘기를 사람들 다 있는 데서 하면 어떡해요. 저는 언니 믿고 편하게 말했는데…"

"그게 뭐 큰 비밀도 아닌데 그렇게 심각하게 얘기해? 다들 그냥 웃고 넘기잖아."

"저는 좀 곤란했어요. 앞으로 그런 얘기는 남들 앞에선 안 했으면 좋겠어요."

분명하게 자신의 의견을 전달했다고 생각했는데, 그 후 모임에서도 주영 씨를 곤란하게 하는 얘기는 이어졌다. 주영 씨의 옷이 보기만큼 그리 비싼 옷이 아니라거나 예전엔 술 때문에 살이 많이 쪘었다거나 하는 얘기들을 웃음거리 삼아 말하곤 했다. 주영 씨는 언니가 불편해져서 자연스럽게 피하게 되었다. 모임이 끝나고 집에 갈 때도 볼 일이 있다는 핑계로 각자 갔고, 같이 점심 먹자는 연락에도 선약이 있다고 거절했다. 눈치가 없는 건지 언니는 계속해서 주영 씨에게 연락했다. 핑계와 거짓말도 한두 번이지 거절하는 게 쉽지 않았다. 언니 한 명 때문에 모임에서 빠지는 것도 싫었다.

주영 씨는 자신의 마음이 편해지기 위해서 언니를 이해하려고 노력했다. 이런 일로 스트레스를 받으면서 내내 불편한 마음으로 지내면 자신이 더 괴로울 것 같았다. 그래서 언니를 피하기보다는 처음 알게 됐을 때처럼 지내보려고 했다. 이런 노력에도 상황이 좋아지지 않았던 건 계속해서 선을 넘는 언니의 행동 때문이었다.

"그 언니가 주영 씨를 질투하는 것 같다."

"뭔가 부러운데 자기는 갖지 못해서 자꾸만 깎아내리는 것 같다."
수강생들이 이런 얘기를 하자 주영 씨는 많이 놀란 눈치였다.
"저를 질투한다고요? 제가 뭘 가졌다고 질투를 해요?"
 질투라는 감정은 은근히 느끼지 못할 때가 많다. 3자의 눈에는 잘 보이는데 당사자는 느끼지 못한다. 질투의 감정은 잘못이 없다. 기질적으로 더 많이 느끼는 사람이 있긴 하지만 인간이라면 누구나 느끼는 감정이다. 다만 그 감정 때문에 하는 행동들이 가끔 문제를 일으킨다. 건강한 질투는 '부럽다. 나도 할 수 있겠지?'라는 긍정적인 희망을 보이지만, 건강하지 못한 질투는 잘못된 행동으로 옮긴다. 몰래 험담을 하거나 사람들 앞에서 깎아내리는 발언을 한다.
 주영 씨는 상대를 용서했을 뿐 화해한 게 아니다. 그런데 상대는 화해한 것처럼 다시 예전 관계로 돌아갔다고 착각하고 선을 넘는 행동을 했다. 용서와 화해는 분명 다르다. 용서는 상대의 잘못을 덮어 주는 것, 화해는 서로 가지고 있던 안 좋은 감정을 풀어 없애는 행위다. 주영 씨는 상대를 용서하기 위해 애쓰고 있을 뿐 아직 화해는 하지 않았다. 용서는 곧 화해라고 받아들이고 상대의 감정과 상관없이 성급하게 선을 넘는 행동도 주의해야 한다.
 질투는 인간이 지닌 원초적인 감정이고, 뇌가 자연스럽게 반응한 결과다. 가까운 주변 사람이 뭔가를 해 내는 것을 지켜보는 건 굉장한 자극을 준다. 이때의 자극으로 비롯된 부정적인 감정 상태로 자신을 방치하면 나에게도 상대에게도 독이 될 수 있다. 연구에 따르면, 사람들이 누군가를 질투하면 그의 사회적 기반을 훼손하려고 한다. 그러다 보니 은밀히 상대를 괴롭히거나 너를 위한 것이라고 하면서 참견과 조언을 한다. 성급한 마음 때문에 자신은 더욱 괴로워지고 내 마음에 스스로 돌을 던져 병든 상태가 된다.

일본 교토대 의학대학원의 다카하시 히데히코Takahashi Hidehiko 교수는 질투의 감정이 사람에게 왜 생기는지 실험을 진행했다. 평균연령 22세의 젊은 남녀 19명에게 가상의 시나리오를 주고 자신을 주인공으로 생각하도록 했다. 주인공이 된 연구대상자들은 사회경제적으로 평범한 수준이지만, 가상의 시나리오에 설정된 세 명의 대학 동창생들은 사회 진출 후 자신보다 훨씬 성공한 사람들로 설정했다.

연구진은 피험자들이 설정된 상황을 받아들이는 동안 뇌에서 나타나는 반응을 기능성 자기공명영상fMRI 장치로 관찰했다. 그리고 동창생들에게 느끼는 부러움을 점수로 매기도록 했다. 1점은 전혀 부럽지 않은 것, 6점은 가장 부럽다는 것이었다. 그 결과 부럽다는 점수를 준 피험자들이 압도적으로 많았다. 질투를 강하게 느낄수록 불안이나 고통을 느낄 때 활성화되는 '배측전방대상피질dorsal Anterior Cingulate Cortex, dACC'의 반응이 높게 나타났다. 특히 자신과 관련 없는 분야에서 성공한 친구들의 이야기를 들을 때보다는 자신과 같은 분야에서 두각을 나타내는 친구의 이야기를 들을 때 뇌가 더 강한 반응을 보이면서 질투를 느낀다는 점을 확인할 수 있었다. 사촌이 땅을 사면 배가 아프다는 말은 자연스러운 뇌의 반응이었다.

반대로 누군가가 나를 질투할 때는 어떨까? 다른 사람들에게 질투를 받는 양면적인 경험에 대한 연구를 보면, 질투를 받는 것이 긍정적(자신감 증가) 및 부정적(타인의 악의에 대한 두려움), 양면적인 감정적 경험 두 가지 모두를 가지고 있는 것으로 나타났다. 질투를 받는 것은 표적이 되기도 하지만, 불쾌감이나 두려움뿐만 아니라 즐거움도 포함됐다. 우리는 질투를 받을 때 걱정하고 두려워하는 동시에 다른 사람들보다 부러운 위치에 있거나 다른 사람들이 탐내는 것을 내가 가졌다는 마음에 기뻐하기도 한다. 기억해야 할 점은 질투를 하거나 받을 때, 그 감정이 나를 옭아매지 않도록 하는 것이다. 누군가는 쉽게 상처받고 오래 끌어안는 반면, 어떤 사람은 금세 흘려보내는 것처럼 이런 감정 반응의 차이 역시 각자의 기질 특히 정서적 민감성과 관련이 있다. 그렇기에 자신의 기질을 이해하고 질투를 선의의 경쟁과 열정이라는 긍정적인 감정으로 전환해 본다면, 오히려 자신을 성장시키는 원동력이 될 수 있다.

사람마다 사용하는 언어에 모국어가 있듯 마음에도 각자
'마음의 모국어'가 존재한다. 그리고 이 마음의 모국어가
바로 기질이다. 기질은 그 사람을 형성하는 중요한
언어이자 사고와 감정, 행동을 이끄는 원동력이 된다.
우리가 언어를 통해 세상을 인식하고 표현하듯 기질 역시
우리가 세상과 관계 맺고 반응하는 방식의 출발점이다.
기질은 세상을 해석하는 '마음의 문'이자 우리 '마음의
뿌리 언어'와 같다. 외부 세계를 받아들이고,
감정을 해석하며, 관계를 형성할 때 사용하는 가장
기본적인 감정적 언어가 바로 기질이다.

- 〈마음의 모국어를 찾아서〉 중에서

chapter 3

새싹의 숨결 :
변화의 바람

백조의 옷을 입은
까마귀

　　　　백조의 은빛 깃털을 부러워하던 까마귀 한 마리가 있었다. 눈부시도록 아름다운 백조의 은빛 깃털은 호수에서 자주 목욕을 하며 때를 씻기 때문이라고 생각한 까마귀는 마침내 먹이를 구하던 제단을 버리고 호수로 옮겨 살기로 했다. 그러나 아무리 목욕을 자주 해도 자기의 검정 깃털은 하얘지지 않았고, 까마귀는 결국 그곳에서 굶어 죽고 말았다. 환경과 습관을 바꾼다고 천성까지 바꾸긴 힘들다. 사람도 타인의 성취나 삶의 방식을 무작정 좇을 때 자신만의 리듬과 특성을 잃고 무기력감에 빠지기 쉽다.

　　수연 씨는 취업을 준비 중인 20대 청년을 대상으로 〈기질로 보는 심리학〉 강의를 진행할 때 만났다. 상경계열 전공인 20대 중반 수연 씨는 대학 시절부터 줄곧 유명 광고대행사 A사 입사를 꿈꿔왔다. 경제 동아리 활동, 회계 자격증 취득, 무역 관련 인턴 경험 등 이력은 광고 분야와는 직접적인 연관이 적지만, 그녀는 A사의 크리에이티브하고 자유로운 조직 문화와 누구나 부러워하는 브랜드 인지도에 강하게 끌렸다. 그러나 그 바람의 근저에는 친오빠에 대한 묘한 감정이 자리하고 있었다. 수연의 오빠는 이미 국내 유명 광고회사에서 근무 중이었고, 부모님의 자랑이자 가족 모임의 단골 주제였다. 어린 시절부터 오빠의 자신감 넘치는 모습이나 창의적인 아이디어로 각종 대회에서 상을 받는 오빠에게 동경과 동시에 은근한 질투를 품어 온 수연씨는 인정받고 싶다는 마음으로 광고업계 취업을 결심했다.

하지만 막상 준비를 시작하자 현실은 녹록지 않았다. 광고 실무에 필요한 디자인 감각과 트렌드 분석력, 빠른 판단력, 아이디어 회의에서 유연한 발언 등은 수연 씨에게 익숙하지 않았다. 다른 지원자들의 톡톡 튀는 포트폴리오를 보면서 수연 씨는 자괴감에 빠지고, 스스로 위축되기 시작했다. 그러나 오빠도 했는데 자신이 못 할 리 없다는 마음으로 포기하지 않았다. 적극적이고 외향적인 인재를 요구하는 기업의 인재상에 맞추고 자신의 부족한 부분을 채우기 위해 발표력 강화를 위한 스피치 학원, 리더십 캠프, 모의 면접 등을 전전했지만, 매번 어색하다는 피드백을 들었고 자존감이 무너졌다고 토로했다.

실제로 수연 씨는 내향적이면서도 분석적이고 신중한 성향의 기질을 가진 사람이었고, 혼자 집중하는 연구직이나 자료 분석 같은 직무에 더 적합한 역량을 지니고 있었다. 광고업계는 감각적이고 빠르게 돌아가는 생태계이기 때문에 맞추는 게 쉽지 않았을 것이다. 결국 3개월 만에 면접 탈락 통보를 받았고, 강의 시간에 자신의 이야기를 털어놓으면서 좌절한 채 "제가 정말 이 일을 하고 싶었던 걸까요? 아니면 그 화려함이 부러웠던 걸까요?"라고 말했다. 함께 강의를 듣던 수강생들이 모두 취업을 준비하는 청년들이었기에 자기 일처럼 공감하며 대화를 이어 나갔다.

미국의 사회심리학자 레온 페스팅거^{Leon Festinger}의 사회적 비교 이론에 따르면 사람들은 타인과 자신을 비교하면서 자신의 정체성과 가치, 방향을 판단하려는 경향이 있다. 특히 자신보다 능력이나 지위가 더 높다고 생각되는 사람과의 비교(상향 비교)는 때로 동기를 유발할 수 있지만 반복되면 자존감에 해로운 영향을 주고, 자기 열등감이나 자기 비난으로 이어질 수 있다. 수연 씨는 백조의 깃털처럼 화려한 A사의 이미지와 광고회사에서 일하는 친오빠의 세련된 삶과 성공적인 커리어를 보며 자신의 진로를 설정했다. 어릴 때부터 부모님의 자랑이었던 오빠는 언제나 기준점이자 목표였고, 수연 씨는 무의식적으로 오빠를 따라잡기 위해 광고회사 입사라는 꿈을 설정했는지도 모른다. 특히 A사처럼 크리에이티브하고 자유로운 분위기, 이름만 들어도 다 아는 브랜드 인지도를 가진 곳은 수연 씨에게 더할 나위 없이 성공한 사람의 삶을 상징했다.

하지만 그녀의 기준은 자신의 기질이나 경험, 진짜 동기가 아닌 외부의 보여지는 모습에 의존한 것이었다. 이는 사회적 비교에서 흔히 나타나는 함정이다. 겉으로 보이는 타인의 삶은 마치 포장된 선물처럼 매력적이지만, 그 안이 자기 내면과 맞지 않으면 결국 불편하고 어색할 수밖에 없다. 사회적 비교는 때로 방향을 잡는 데 도움이 되기도 하지만 타인의 삶을 빌려 자기 인생의 좌표를 설정할 때, 쉽게 길을 잃는다. 수연 씨의 이야기는 자신의 기질과 성향에 맞는 진로를 찾기 위해서 '누구의 삶을 살고 있는가'라는 질문 먼저 던져야 한다는 것을 알려 준다.

영국의 소아과의사이자 정신분석학자 도널드 위니컷$^{Donald\ Winnicott}$은 인간 발달 과정에서 자아 형성을 설명하며 '참 자기$^{True\ Self}$'와 '거짓 자기$^{False\ Self}$'라는 개념을 제시했다. 참 자기는 개인의 내면에서 자발적으로 발현되는 욕구, 감정, 창의성에 근거한 자아이며, 충분히 안정된 양육 환경에서 지지 받을 때 건강하게 형성된다. 반면 거짓 자기는 외부의 기대와 요구에 반응하기 위해 구성된 방어적 자아로 타인의 승인이나 사회적 기준에 맞추려는 경향 속에서 진정한 자기 경험을 억압하고 대체하게 된다. 시간이 지나면 공허함, 자기소외, 무기력을 초래할 수 있다.

수연 씨는 자신의 기질과 성향, 가치관으로 적성을 탐색하기보다 타인의 시선과 명성에 맞춰 외적 성취를 목표로 설정했다. 이는 진정한 자아의 욕구보다는 사회적 시선과 비교 우위라는 외부 기준에 맞춰 형성된 정체감이다. 이러한 경로 선택은 초기에는 만족감을 줄 수 있으나 자기효능감의 저하, 주체적 동기의 결핍, 공허감 등의 심리적 어려움으로 이어진다. 특히 참 자기가 억압된 채 지속적으로 거짓 자기가 기능할 경우, 심리적 소진, 자기소외, 정체감 혼란으로 심화되고, 결국 삶의 방향성 자체에 대한 근본적인 회의를 초래할 수 있다.

수연 씨가 처한 혼란은 단지 진로 선택의 실패가 아니라 자기 본연의 기질과 정서적 자원을 무시한 채 외부 기준에 적응해 온 과정의 누적된 결과이기도 하다. 위니컷이 강조했듯이 진정한 회복은 외부의 평가나 비교에서 벗어나 자기 내면의 감각과 욕구를 다시 발견하고, 그것을 표현할 수 있는 안전한 심리적 서식지를 마련하는 데서 시작된다.

토마스와 체스Thomas & Chess의 연구에서도 까다로운 기질의 아이들이 일관성과 예측 가능성을 지닌 환경에서는 잘 적응했지만, 자신과 맞지 않는 환경에서는 부적응 행동이 높게 나타났다. 이는 성인에게도 그대로 적용된다. 어떤 환경이나 기준이 우월해서가 아니라 자신의 기질에 맞는 환경을 선택하는 것이 자존감과 성취감을 지키는 핵심이다. 결국 중요한 것은 무엇이 되어야 한다 혹은 내가 무엇을 잘하느냐보다 어떤 나로 살아갈 것인가, 나의 본모습이 어디서 자연스럽게 발휘되는가이다.

까마귀가 아무리 목욕을 해도 백조가 될 수 없는 것처럼 우리는 남의 삶이 아닌, 나의 서식지에서 피어야 한다. 때로는 남의 삶이 더 나아 보이고, 그 방향이 성공처럼 보일 때가 있다. 하지만 그 모습이 아무리 매력적으로 보여도 나의 기질과 특성, 욕구, 동기와 맞지 않는다면 결코 오래 버틸 수 없다. 백조의 옷을 입은 까마귀는 아름답게 보일 수는 있지만 자기 날개로 날 수 없고, 까마귀는 까마귀답게 날아야 가장 멀리 날 수 있다.

수연 씨는 강의를 통해 자신의 기질과 진짜 욕구를 들여다보기 시작했다. 남들의 성공을 향한 질주에서 벗어나 자신만의 리듬을 찾는 여정은 때로는 늦고 불안하게 느껴지기도 한다. 이후 수연 씨는 리서치 중심 기업에 지원했고, 생각보다 자신이 편안하게 느끼는 환경이 다르다는 것을 느꼈다. 화려하지 않지만, 자신에게 맞는 일을 찾아가는 과정에서 수연 씨는 자존감을 회복해 가고 있었다. 진짜 나에게로 돌아가는 길은 외롭지만 단단한 길이다. 남의 삶을 좇아 헤매던 까마귀가 자신의 검은 깃털을 받아들일 때, 그제야 진짜 하늘을 향해 날아오를 수 있다.

열정이 만든
불완전한 약속

"나 좋아하는 사람 생겼어."
"누군데? 얼마나 됐는데? 한 시간? 사귀기로 한 거야?"
"대화만 했어."
"근데 그게 가능해?"
"작업한 걸 들었어."
"뭐 하는 사람인데? 작곡? 녹음? 그런 거? 작업한 게 좋다고 그 사람이 좋은 건 아니잖아. 너 자유로운 영혼이지? 나랑도 다 합쳐서 딱 여덟 시간 만에 사귀고. 들이댄다고 다 받아 줘? 너 언제나 그렇게 활성화되어 있는 거지? 결혼하고 나서도 그럴 거지? 넌 네 충동 따라가는 게 중요한 사람이잖아."

영화 〈사랑의 고고학(2023)〉의 두 주인공 영실과 인식은 만난 지 여덟 시간 만에 사랑에 빠졌다. 인식은 그런 영실을 자유로운 영혼이라 확신하며 어떠한 상황에서도 함께할 것이라는 약속을 받아낸다. 그러나 시간이 지날수록 영실에 대한 인식의 집착은 심해지고, 영실은 인식과의 약속을 지키고자 노력하지만 결국 헤어진다. 두 사람의 대화에서 주목할 점은 언제나 활성화되어 있냐고 묻는 부분이다.

우리는 때때로 사랑이 운명처럼 찾아온다고 믿는다. 상대의 눈빛, 목소리, 사소한 말 한마디에 온 마음이 뒤흔들리고, 그 감정이야말로 진짜 사랑이라고 확신하게 된다. 그러나 그 뜨거운 감정은 오래가지 못한다. 어느 날 그 사람의 다른 면을 보게 되면 마음은 조용히 식어가고 또 다른 사람에게 설레기 시작한다. 이런 반복 속에서 '나는 왜 이렇게 쉽게 사랑에 빠질까?' 하는 질문이 떠오른다. 이른바 '금사빠(금방 사랑에 빠지는 사람)'는 순간적인 감정에 강하게 반응하는 기질을 가진 경우가 많다. 기질 심리학에서 말하는 자극 추구 성향은 새로운 경험이나 강렬한 감정을 추구하는 성향을 의미하는데, 이 성향이 강한 사람일수록 낯설고 신선한 대상에게 쉽게 매력을 느끼고 감정적으로 몰입한다. 그러나 낯섦이 익숙함으로 변하면 금세 흥미를 잃기도 한다.

또한 애착 이론에 따르면 불안형 애착을 가진 사람은 관계 속에서 감정의 밀도를 기준으로 사랑을 판단하는 경향이 있다. 관계의 안정성보다는 감정의 깊이, 강도를 중시하기에 격렬하게 사랑에 빠지지만 그만큼 쉽게 실망하고 흔들리기도 한다. 이들에게 사랑은 관계라기보다 상태에 가깝다. 불꽃처럼 타오르다가 금세 꺼지는 감정의 상태. 이런 사랑의 양상을 섬세하게 그려 낸 영화가 바로 〈사랑의 고고학〉이다. 이 영화는 우리에게 묻는다.

"그 순간의 확신은 정말 사랑이었을까? 내가 느끼고 싶은 사랑이라는 착각이었을까?"

사랑은 뜨거운 감정을 느끼게 하지만 동시에 스스로를 마주하게 한다. 금사빠의 사랑이 반드시 가볍고 얕은 것은 아니다. 오히려 반복되는 감정의 폭풍 속에서 '나는 누구와 있을 때 나다워지는가'라는 근원적인 질문에 다가서게 된다. 사랑을 통해 타인이 아닌 나를 마주하는 길, 그 고고학적 발굴이 어쩌면 진짜 사랑의 시작인지도 모른다.

20대 후반 직장인 지현 씨는 누구보다 사랑에 열정적이다. 수강생들이 오늘 강의에서는 지현 씨가 뭐라고 대답하고 어떤 얘기를 할까 궁금하고 기다릴 정도였다. 연애와 사랑, 애착을 주제로 강의가 진행되던 날은 단연 지현 씨가 주인공이었다.

"처음 만났을 때부터 뭔가 특별했어요. 이 사람이다 싶었죠. 저는 그런 감정이 느껴지면 스톱을 못해요."

지현 씨는 소개팅으로 만난 지 세 시간도 채 되지 않아 상대에게 인생을 건 듯한 확신을 품었다. 운명적인 끌림을 느꼈고, 머릿속에선 이미 그와 함께하는 미래를 그리고 있었다. 가족들과 친구들의 만류에도 불구하고 며칠 후, 바로 직장에 사표를 내고 상대가 살고 있는 도시로 이사를 준비했다. 혼자 누울 공간만 있으면 어디든 상관없었다. 급히 작은 오피스텔을 계약하고, 마치 그 사랑이 일생일대의 운명이라도 되는 듯 모든 결정을 그 사람에 맞춰 재편했다. 상대의 의견과 상황은 중요하지 않았다. 중요한 건 오로지 자신이 느끼는 강렬한 감정이었다. 이것이 바로 금사빠 기질의 핵심이다.

앞서 언급한 애착 유형 중에서도 불안형 애착이나 회피형 애착을 가진 사람들에게서 금사빠 성향이 나타나기 쉽다. 이들은 사랑에 대한 이상화가 강하고, 관계를 통해 자기 가치를 입증받고자 하는 욕구가 크다. 특히 감정 조절력이 약한 사람은 순간의 설렘에 전부를 걸고, 상상 속의 완벽한 사랑에 빠지며 관계의 현실을 간과하기도 한다. 금사빠는 결코 나쁘기만 한 기질은 아니다. 감정에 솔직하고 사랑에 진심인 사람들이다. 그러나 그 진심이 누군가에게는 폭풍처럼 느껴질 수도 있다. 사랑은 속도가 아니라 방향이고, 순간의 감정보다 그 감정을 어떻게 다루느냐가 관계를 결정짓는다.

심리학자 로버트 스턴버그Robert Sternberg는 사랑을 세 가지 요소, 열정, 친밀감, 헌신으로 구성된 삼각형에 비유해 설명했다. 이 이론에 따르면 진정한 사랑은 세 요소가 균형 있게 결합할 때 성립된다. 그러나 금사빠 기질을 지닌 사람은 이 중 열정이 과도하게 앞서고, 친밀감과 헌신은 상대적으로 결핍된 상태에서 사랑을 경험한다. 강렬한 끌림, 로맨틱한 상상, 육체적인 매력에 의한 감정은 곧바로 관계를 시작하게 만드는 동력이 된다. 하지만 문제는 나머지 두 요소인 친밀감과 헌신이 상대적으로 매우 약하다는 점이다. 친밀감은 서로를 깊이 이해하고 신뢰를 쌓는 과정이고, 헌신은 어려움 속에서도 관계를 지켜가려는 태도다. 이 둘은 시간이 필요한 정서적 구축물이다. 금사빠는 열정의 힘으로 이 과정을 건너뛰려 한다. 그래서 사랑의 지속 가능성이 낮다.

소개팅 자리에서 상대방을 처음 만난 지 세 시간 만에 이 사람이라는 확신이 들어서 미래까지 그려 버리는 지현 씨의 경우처럼 마음이 이끄는 대로 감정을 쏟아붓고, 서로 잘 알기도 전에 관계를 급진전시키려고 한다. 이들은 강렬한 설렘을 사랑이라고 착각하지만, 실제로는 열정이 만들어 내는 일시적인 환상일 수 있다. 진정한 친밀감은 시간을 들여 서로를 알아가는 과정에서 쌓이고, 헌신은 감정보다 의지에 기반한 선택의 결과이기 때문이다.

영화 〈사랑의 고고학〉에서 인식과 영실도 비슷한 양상을 보인다. 이들은 만난 지 단 여덟 시간 만에 사랑에 빠진다. 인식은 영실을 자유로운 영혼으로 이상화하고, 그녀에게 영원한 관계를 약속받으려 한다. 그러나 시간이 흐르면서 인식은 관계에 집착하게 되고 영실은 관계를 지키려 애쓰지만, 결국 서로의 욕망과 기질이 어긋나며 헤어지게 된다. 이들의 사랑은 뜨거웠지만 스턴버그의 이론에 따르면, 열정에 편중된 사랑은 지속 가능성이 낮다. 서로를 잘 모른 채 급하게 사랑에 빠졌기 때문에 친밀감이 부족했고, 안정적 헌신으로 나아갈 토대가 없었다.

왜 금사빠는 반복될까? 금사빠의 기질은 단순한 충동이라기보다는 감정 조절과 애착 유형, 자기존중감 등 다양한 심리적 요인과 관계된다. 예를 들어 애착이 불안정한 사람은 상대의 사랑을 통해 자기 가치를 확인받고자 하는 욕구가 강하며, 감정이 확인되지 않으면 불안을 견디지 못한다. 그래서 빠르게 사랑에 몰입하고, 상대의 반응에 과도하게 의미를 부여한다. 또한 자기 정체감이 확립되지 않았거나 외로움에 취약한 사람일수록 사랑이라는 감정 자체에 기대려는 경향이 있다. 사랑을 통해 자신이 누군가에게 특별한 존재임을 느끼고자 하기 때문에 그 감정이 주는 위안에 쉽게 중독된다.

이런 금사빠 기질은 드물지 않다. 어떤 사람은 이별의 아픔에서 헤어나기도 전에 새로운 사람에게 끌리고, 어떤 사람은 지금의 연인이 있음에도 불구하고 새로운 누군가에게 강한 감정을 느끼며 흔들린다. 그들은 흔히 사랑은 타이밍이고 감정은 억누를 수 없다고 말한다. 하지만 정말 그 감정은 사랑일까? 결국 금사빠는 사랑을 자주 경험하는 것처럼 보이지만, 실제로는 깊은 관계로 발전할 기회를 스스로 차단하고 있는 것일지도 모른다. 사랑의 삼각형 이론은 사랑이 단지 느낌이 아니라 알아가고 지키려는 의지와 노력의 산물임을 상기시켜 준다.

　사랑은 분명 감정에서 시작된다. 그러나 감정은 관계의 한 축일 뿐 전부는 아니다. 첫 만남에서의 설렘은 사랑의 씨앗일 수 있지만, 그것이 자랄지는 시간을 두고 지켜봐야 한다. 운명 같은 사랑을 믿는 건 자유지만, 지속 가능한 사랑은 감정과 함께 이성, 시간, 상호작용이 쌓여 만들어진다. 금사빠 기질을 가진 사람이라면, 감정의 속도에 가끔 브레이크를 걸어 보자. 사랑은 빠르게 시작할 수 있어도 깊어지는 데는 시간이 필요하다.

드러냄의 미학,
취약성이라는 선물

"사람들은 누구나 연약한 속살을 숨기고 산다. 어떤 살은 너무 보여서 탈이고, 어떤 속은 너무 몰라서 죽겠다."

KBS 드라마 〈동백꽃 필 무렵(2019)〉 속 이 대사는 인간의 취약성을 이보다 더 정교하게 포착하긴 어렵다는 생각이 들게 한다. 인간은 누구나 드러내고 싶지 않은 약한 구석을 품고 살아간다. 그리고 그 약함은 너무 쉽게 보여 상처를 만들거나, 너무 단단히 감춰져 외로움을 남긴다. 하지만 그 연약함은 숨겨야 할 것이 아니라 인간의 일부이며 관계를 연결해 주는 중요한 실마리가 된다. 특히 기질을 이해할 때, 우리는 자신의 반복되는 불안, 과민한 반응, 회피적 행동 등이 어디서 비롯됐는지를 가늠하게 되고, 이를 통해 자신만의 취약한 속살을 더욱 정확히 바라볼 수 있게 된다.

드라마 속 주인공 동백이 보여 준 취약성의 힘은 몇 번을 돌려 봐도 사랑스럽다. 그 역할을 배우가 잘 소화하기도 했지만, 캐릭터와 대사, 스토리가 마음을 울리는 장면이 많다. 주인공 동백은 어린 시절 부모에게 버림받고 자라 어른이 된 후에도 타인의 시선을 두려워하며 살아간다. 사람들에게 상처받을까 두려워하면서도 사랑받고 싶은 마음을 숨기지 못한다. 하지만 그녀는 자신의 연약함을 인정하고, 그것을 고스란히 보여 주는 사람들과 관계를 맺으며 성장해 나간다. 특히 극 중 연인 황용식과의 관계에서 그녀는 더 이상 강한 척하지 않는다. 그 과정에서 자신을 얽매던 과거의 그림자에서 점차 벗어나기 시작한다. 이 관계는 취약함을 드러낼 수 있는 안전한 공간이 만들어질 때, 진짜 사랑과 회복을 할 수 있다는 점을 보여 준다. 이는 일종의 정서적 보호막이며, 누군가의 속살을 무시하지 않고 함께 느껴 주려는 태도이기도 하다.

기질을 통해 나의 반응 경향성과 정서적 민감도를 이해하게 되면 나의 취약한 면을 조금은 덜 두려워할 수 있다. 나는 왜 쉽게 불안해지는지, 왜 쉽게 지치고 상처받는지 알게 될 때, 그것을 다룰 수 있는 내적 힘이 생긴다. 예를 들어 내향적이고 감각에 민감한 사람은 하루에 너무 많은 사람을 만나면 에너지가 소진될 수 있다. 그럴 때는 스스로에게 회복 시간을 주어야 한다. 반면 충동성이 높은 사람은 즉흥적인 선택을 하기 전에 잠깐 멈추는 연습이 필요하다. 이것은 기질을 변형하려는 것이 아니라 기질을 다루는 방식을 배우는 것이다.

우리는 모두 취약한 부분을 안고 살아간다. 누구에게나 있는 그 연약한 속살을 때로는 조심스럽게 들여다보고 드러내는 용기를 갖는 것이 중요하다. 그것이 친밀함으로 가는 첫걸음이고, 진짜 나로 살아가는 시작이 된다. 기질은 그 시작을 도와주는 열쇠다. 나를 지키기 위해 세운 갑옷을 잠시 내려놓고 내 안의 민낯을 바라볼 수 있을 때, 우리는 비로소 단단해진다.

기질은 성격의 토대가 되는 비교적 안정된 반응 경향성이다. 이는 우리가 태어날 때부터 어느 정도 가지고 있는 정서적 기본값이다. 예를 들어 감각에 민감하고 자극에 쉽게 압도되는 사람은 새로운 환경이나 낯선 사람 앞에서 긴장하거나 지친다. 반면 자극을 추구하는 사람은 정적인 환경에서 쉽게 지루함을 느끼고, 때로는 충동적으로 행동하기도 한다. 문제는 이 기질이 취약성으로 해석될 때다. 예민함은 너무 까다롭다는 말로, 내향성은 사회성이 부족하다는 말로 쉽게 낙인찍힌다. 하지만 그 안에는 중요한 신호가 담겨 있다. 예민함은 주변의 미세한 변화를 잘 감지하는 능력일 수 있고, 내향성은 깊이 있는 사유와 집중력을 지닌 기질일 수 있다. 기질은 나의 강점과 동시에 취약한 지점을 함께 드러낸다. 우리는 그것을 알아차려야 한다.

수치심과 취약성을 연구해 온 미국의 사회심리학자 브레네 브라운Brené Brown은 "진정한 용기는 자신이 완전하지 않음을 받아들이는 데서 시작된다"고 말한다. 그녀는 TED 강연 〈취약하다는 것의 힘〉에서 취약함은 감정의 핵심이며, 창의성, 소속감, 사랑이 피어나는 출발점이라고 말했다. 그녀의 연구에 따르면 자신이 가진 취약성을 기꺼이 드러낼 수 있는 사람일수록 대인 관계 만족도가 높고, 정서적 안정감도 크다. 반면 취약함을 부끄러워하고 숨기려는 사람일수록 내면에 고립감을 느끼고, 관계에서 진정한 친밀감을 경험하지 못한다. 이는 정신과 의사이자 심리학자인 존 보울비 Edward John Mostyn Bowlby의 애착 이론과도 연결된다. 안정 애착을 형성한 사람은 감정의 노출을 위협으로 인식하지 않기 때문에 더 솔직하고 따뜻하게 타인과 연결된다. 또한 신경과학 연구에서는 진실한 감정 표현을 했을 때, 우리의 뇌에서 일명 사랑의 호르몬으로 불리는 옥시토신이 분비된다는 점도 밝혀졌다. 감정을 숨기지 않고 드러내는 것이 두 사람 사이의 신뢰를 높이고 관계를 강화한다는 것이다.

기질 이론으로 볼 때, 취약성은 단순히 약점이 아니다. 예컨대 높은 민감성을 가진 사람은 감정적 상처에 더 취약할 수 있지만, 동시에 타인의 감정에도 더 잘 공감할 수 있는 능력을 지닌다. 또 회피 기질이 강한 사람은 스트레스 상황에서 도망치려는 경향이 있지만, 위기 상황에서 침착함을 유지하는 힘이 되기도 한다. 이처럼 기질을 통해 자신이 무엇에 더 약한가를 알게 되면, 그 취약점을 감추기보다 관리하고 때로는 이를 타인과의 연결고리로 삼을 수 있다. 실험 참여자들이 자신의 부족한 부분과 긍정·부정 감정을 포함해 자전적 정보를 공개했을 때, 상대방은 친밀감과 따뜻함 그리고 리더십과 유능함에 대해서도 더 높게 평가했다는 연구 결과가 있다. 많은 사람이 취약함을 드러내는 순간 버림받을까 두려워하지만 정작 타인에게는 신뢰를 얻는 계기가 될 수 있다는 의미다.

30대 초반 직장인 대현 씨는 회의 중 상사의 작은 비판에도 얼굴이 붉어지고 말문이 막히는 자신이 부끄럽기만 했다. 동료들 앞에서 쉽게 위축되는 자신의 기질을 '취약함'이라 여겼고, 이를 극복하려 애쓰다가 더 큰 스트레스를 받았다. 그래서 〈기질로 보는 심리학〉 강의를 소개받아 수강 신청을 하고 누구보다 간절한 마음으로 기다렸다고 말했다. 기질 검사에서 대현 씨는 높은 사회적 민감성을 가진 기질을 지녔다는 결과를 접하게 되었다. 사회적 민감성이란, 타인의 감정이나 표정 등 사회적 신호를 민감하게 파악하고 반응하는 성향을 의미한다. 높은 사회적 민감성 기질을 가진 사람은 낯선 환경에 긴장하고, 작은 일에도 감정적으로 요동칠 수 있다. 반면 사회적 민감성이 낮고 둔감한 기질을 지닌 사람은 위급 상황에도 반응이 늦고, 감정을 잘 표현하지 못한다.

기질은 우리가 외부 세계에 어떻게 반응하는지를 보여 주는 하나의 방식이다. 대현 씨는 자신이 타인의 반응에 과민하게 반응하는 경향이 있다는 걸 알게 된 이후 유난스럽다는 자책 대신 자신이 어떤 상황에서 감정적으로 반응하기 쉽고, 어떻게 하면 좋을지 생각하게 되었다. 이 변화는 자기 수용의 시작이었다. 심리학자 칼 로저스Carl Rogers는 자신을 있는 그대로 수용할 수 있을 때, 비로소 변화가 시작된다고 말했다. 변화를 위해 필요한 것은 강한 척이 아니라 연약한 나를 있는 그대로 수용하는 태도다. 그것이 곧 취약성이라는 선물이다. 이 선물은 때로 아프고 때로 무겁지만, 그것을 꺼내 놓을 때 우리는 진짜 나로 살아갈 수 있는 자유를 얻는다.

나는 대현 씨에게 감정일기를 써 보면 어떨지 제안했다. 감정을 글로 표현하는 행위는 내면의 속살을 마주하며 자신과 솔직하게 대화하는 시간이다. 자신도 몰랐던 감정이나 생각을 발견하고, 억눌렸던 마음의 무게를 내려놓을 수 있다. 미국의 사회심리학자 제임스 페네베이커James Whiting Pennebaker의 연구에 따르면, 정기적으로 감정을 글로 표현하는 사람들은 스트레스 감소와 정서적 안정에 도움을 받고 자기통찰력이 향상되는 것으로 나타났다. 특히 취약함을 인정하고 받아들이는 과정에서 글쓰기는 안전한 심리적 서식지가 되어 준다. 타인의 눈치나 평가 걱정 없이 오롯이 나를 위한 공간에서 내 마음의 소리를 듣고 존중하는 경험은 자기 수용과 성장으로 이어진다. 그래서 많은 상담과 치료 현장에서 감정일기 쓰기가 권장되며, 드러냄의 용기를 선물하는 도구가 되어 준다.

그 후로 대현 씨는 꾸준히 감정일기를 쓰면서 강의에 올 때마다 오늘은 회사에서 어떤 일이 있었는지, 그때 자신이 어떻게 하려고 노력했는지를 들려주었다. 대현 씨는 이후 자신의 감정 반응을 설명하고, 팀원들에게 "이런 상황에선 조금 더 생각할 시간을 주실 수 있을까요?"라고 요청할 수 있게 되었다. 동료들과의 관계에서도 훨씬 편안함을 느끼기 시작했고, 스트레스도 이전에 비해 줄어들었다. 수강생들 모두 그의 노력과 변화를 진심으로 응원해 주었다.

취약성은 이해의 출발점이다. 기질을 아는 것은 나의 연약한 부분을 돌보는 일이다. 우리는 강해지기 위해 무장해야 하는 것이 아니라 오히려 무장을 조금씩 벗고도 관계를 지속할 수 있을 만큼 자신을 이해해야 한다. 결국, 자기 속살을 드러낼 수 있는 용기야말로 가장 강한 인간성을 뜻하는 것일지 모른다.

미성숙한 뇌가 만든
이기심

　우리는 타인의 무례한 행동이나 반복되는 실수에 실망하거나 분노하게 된다. 하지만 분노의 본질을 깊이 들여다보면, 그들이 배려를 하지 않았기 때문이라기보다 배려를 받고 있었다는 사실조차 인지하지 못했기 때문이라는 점에서 더 큰 상처가 된다. 심리학에서는 이기주의를 단순히 나쁜 성격으로 규정하지 않는다. 오히려 공감 능력, 메타인지, 감정 조절 능력과 같은 복합적인 뇌의 기능과 발달 수준이 밀접하게 관련되어 있다.
　실제로 인간의 뇌는 20대 중반까지도 완전히 성숙하지 않으며 특히 도덕적 판단과 공감 능력을 담당하는 전전두엽^{Prefrontal Cortex}은 청소년기부터 성인 초기까지 계속해서 성장한다. 전전두엽은 자제력, 계획 수립, 타인의 감정 인식, 도덕적 판단을 담당한다. 그런데 이 시기에 지나치게 강한 자극인 과도한 게임이나 즉각적인 보상에 익숙해진 자극 환경에 반복적으로 노출되면 충동 조절과 감정 억제 기능이 미숙한 채 성인이 될 수 있다. 그 결과 생기는 이기심은 배려할 줄 모르는 사람이 아니라 배려를 받았다는 사실을 감지하지 못하는 뇌에서 비롯된 것이다. 이기적인 사람은 타인의 배려가 자신에게 향하고 있다는 사실을 알아차리지 못하는 경우가 많고, 자신이 하는 행동에 너무나 관대하다는 게 특징이다.

이는 메타인지 결핍이나 정서적 둔감성, 공감 부족과 연관된다. 공감을 하려면 상대의 감정을 인식하고 내 감정과 연결 짓는 복잡한 뇌 회로가 작동해야 한다. 이 회로가 미숙하면 나를 위한 배려였다는 감각조차 생기지 않는다. 그래서 이기적인 사람일수록 인지 능력이 낮은 경우가 많으며, 그렇기에 타인의 감정을 이해하고 공감하는 능력 또한 낮다. 이기적 사고는 진행되고 성장하기 마련이고 사회성이 결여된 데다 인지 능력이 정상적이지 못하면 손상된 뇌 기능은 아무 거리낌 없이 부정적인 행동도 하게 된다. 이기적인 사람들과의 갈등은 그들이 최소한의 양심만 있어도 발생하지 않지만, 그 양심을 만드는 것이 '뇌'라는 사실을 알게 되면 쉽게 해결하기 힘든 일이라는 것을 깨닫는다.

30대 직장인 현주 씨는 금융 계열사의 팀장으로 근무하고 있다.

현주 씨의 스트레스가 심해지기 시작한 건 입사 3년 차인 종훈 씨 때문이다. 지각은 일상이며, 보고 누락, 회의 전 자료 미제출, 고객 응대 미흡, 자료 입력 오류 등 같은 실수가 계속해서 반복되고 있다. 처음 6개월은 초보니까 그럴 수 있다고 생각하며 인내했는데 1년, 2년, 3년이 지나도 변하지 않는 모습에 점점 지쳐 갔다. 왜 계속 같은 실수를 하냐고 물으면 종훈 씨는 늘 "죄송합니다. 다시 안 그러겠습니다"라고 말한다. 그런데 정말 다음 주면 또 같은 일이 벌어진다.

"어쩔 땐 일부러 저러나 싶어요. 저를 골탕 먹이려고 저러는 건가 생각한 적도 있어요. 한 글자도 틀리지 않고 계속 같은 말을 3년째 반복하고 있어요. 어떻게 그럴 수 있죠? 심지어 그 직원은 자기가 주변 동료들에게 그렇게 피해를 줬음에도 불구하고, 주변 동료들이 조용히 도와줬는데 책임을 나눠 준 것조차 몰라요. 아무리 면담하고 피드백을 줘도 그의 표정에는 죄책감이나 고마움보다는 피로와 억울함만 묻어나요."

회의 전날, 또다시 보고서가 누락됐을 때 결국 현주 씨가 직접 고객사 앞에서 머리를 숙이고 나서야 상황이 정리됐다. 회의가 끝난 뒤 현주 씨는 종훈 씨를 따로 불렀다.

"종훈 씨, 우리 저번에도 이런 실수 있었던 거 기억나죠? 왜 또 보고서 안 올렸어요?"

"죄송합니다. 오늘은 급해서 깜빡했어요. 다시는 안 그러겠습니다."

"이게 한두 번도 아니고, 자꾸 이런 일이 반복되면 나도 팀장으로서 책임을 묻게 돼요. 지난번에 피드백한 내용은 점검해 봤어요?"

"네, 보긴 했는데 너무 디테일한 부분이라… 요즘 일이 많아서 솔직히 힘듭니다."

현주 씨는 순간 말을 잃었다. 지난주에도 다른 팀원 민지 씨가 종훈 씨 대신 야근을 하며 회의 자료를 정리했는데, 종훈 씨는 다음 날 당연한 듯이 그 자료를 출력해서 가져왔다. "도와주신 덕분입니다. 감사합니다"라는 한마디도 없었다. 피드백을 줄 때면 미안한 눈빛보다는 피곤하고 억울한 얼굴이 먼저였다. 며칠 후 다시 면담 자리를 마련했다.

"종훈 씨, 솔직히 말해 봐요. 요즘 일하면서 뭐가 제일 힘들어요?"

"팀장님이 저한테만 뭐라고 하시는 게 제일 힘듭니다. 실수하는 사람은 저 말고도 있는데."

"다른 사람들은 실수한 뒤에 책임을 지고, 보이지 않는 곳에서 서로 챙기고 배려해요. 종훈 씨가 그걸 못 느낀다면 우리가 팀으로서 함께 일하는 게 맞는지 솔직히 고민돼요."

회의실에 침묵이 흘렀다. 종훈 씨는 충격을 받은 듯 고개를 숙였지만, 그 표정에는 이번에도 반성보다는 또다시 억울함이 비쳤다.

종훈 씨는 정말 이기적이고 나쁜 사람일까? 아니면 무능한 사람일까? 종훈 씨는 자기만을 생각해서 행동하지 않았다고 생각할 수도 있다. 실제로 그는 누굴 해칠 의도도 없고, 팀원들과 갈등을 일으키려는 마음도 없었을 것이다. 하지만 이기주의는 의도보다 결과, 행동보다 인식과 감정의 미숙함에서 나타난다. 자신의 반복된 실수로 누가 책임을 지는지, 누가 조용히 도움을 주는지 혹은 그로 인해 분위기가 어떻게 흐트러지는지를 인식하지 못하는 것, 이게 바로 정서적 미성숙에서 비롯된 이기주의다. 그는 자신도 힘들다고 말하지만 정작 타인이 얼마나 더 힘든지를 상상할 여유가 없다. 어쩌면 종훈 씨는 인지적·정서적 발달이 멈춘 채 성인이 된 사람일지도 모른다.

종훈 씨처럼 반복되는 실수를 하고도 타인의 감정과 팀 분위기를 인지하지 못하는 경우, 자기 행동을 합리화하는 경향이 강하다. 이는 이기적 편향 또는 자기 위주 편향 Self-Serving Bias으로 실패는 외부 탓, 성공은 내 덕분이라는 뜻이다. 사람들이 자신을 평가할 때 긍정적인 결과는 자기 능력이나 노력에 귀인하고, 부정적인 결과는 외부 환경이나 타인에게 귀인하는 심리적 경향을 의미한다. 자신의 실수를 외부 요인으로 돌리며 내적 불편함을 줄이려는 심리적 방어기제다.

또는 종훈 씨처럼 실수를 반복하면서도 자신의 부족함을 잘 인식하지 못하는 경우, 던닝-크루거 효과 Dunning-Kruger Effect로 설명할 수 있다. 이 이론은 1999년 심리학자 데이비드 더닝 David Dunning과 저스틴 크루거 Justin Kruger가 발표한 연구에서 제시된 개념으로, 능력이 부족한 사람일수록 자신의 무지를 인식하지 못하고 오히려 과대평가하는 경향을 말한다. 여기서 중요한 점은 자신이 잘 모르고 있다는 사실조차 모른다는 것이다. 그래서 본인은 잘하고 있다고 믿으며 계속해서 같은 실수를 반복하게 된다. 즉 능력이 부족한 사람은 평가 기준 자체를 잘 모르기 때문에 자신이 평균 이상이라고 착각하는 경우가 많다. 반면 능력이 충분한 사람일수록 오히려 내가 잘하고 있는 게 맞는지 의심하며 겸손한 태도를 보이는 경향이 있다. 이들은 기준을 잘 알고 있고, 자기 성찰 능력도 뛰어나다.

이러한 경향은 개인의 기질과도 관련이 있다. 예를 들어 자기 확신이 강하고 외부의 피드백을 불편하게 느끼는 기질을 가진 사람은 자기 행동에 대한 반성을 회피하고, 실수를 타인의 탓으로 돌리는 경향이 더 쉽게 나타날 수 있다. 반대로 감정에 민감하고 자의식이 강한 기질을 가진 사람은 같은 실수를 반복하더라도 스스로를 과도하게 비난하거나 위축되기 쉽다.

기질은 타고난 성향이지만, 환경과의 상호작용 속에서 그 표현 방식은 달라진다. 따라서 반복된 실수를 무능이나 성격 문제로만 보기보다는 자기 인식 능력과 기질 간의 상호작용으로 이해할 필요가 있다.

종훈 씨는 업무에서 반복되는 실수에도 불구하고 "그 정도 실수는 누구나 하지 않나요?"라며 상황을 가볍게 넘기거나 문제를 외부 탓으로 돌리는 경향이 있었다. 이는 자신의 역량에 대한 잘못된 인식에서 비롯된 것일 수 있다. 감정 조절, 공감 능력, 타인의 반응을 민감하게 읽는 능력이 떨어질 경우, 자신의 실수가 상대에게 어떤 영향을 미치는지조차 제대로 인식하지 못하는 일이 생긴다.

던닝-크루거 효과는 단지 지식이나 기술의 문제만은 아니다. 자기 인식과 사회적 민감성이 결합되어야 자신을 객관적으로 평가하고, 실수를 반복하지 않기 위한 노력이 가능해진다. 자기 인식은 타인을 이해하는 감수성 위에서 비로소 완성된다.

관계의 진실 속
숨겨진 메시지

　우리가 일상에서 마주하는 사람들의 행동 뒤에는 보이지 않는 숨겨진 메시지가 있다. 이 메시지를 제대로 읽지 못하면 오해와 실망, 갈등이 쌓인다. 타고난 기질이 어떻게 우리의 반응과 관계에 영향을 미치는지 살펴보자.
　관계의 진실 속에는 우리가 미처 알지 못하는 숨겨진 메시지가 존재한다. 겉으로 드러나는 말과 행동 뒤에 숨어 있는 기질과 감정의 반응을 이해하는 것이야말로 진정한 관계의 열쇠다.
　우리는 관계를 맺고 살아가는 한 타인에게 실망한다. 평소 친절하던 동료가 정작 중요한 순간에 모른 척하거나 찰떡같이 믿었던 친구가 예상치 못한 반응을 보일 때 배신감을 느낀다. 하지만 그 실망은 때로 그 사람의 선택이 아니라 타고난 기질의 반응일 수 있다. 기질은 개인이 태어날 때부터 가지고 있는 정서적 반응 경향이다. 놀라움에 얼마나 빨리 반응하는지, 위험을 회피하려는 본능이 얼마나 강한지, 새로운 자극을 어떻게 받아들이는지, 스스로 문제를 해결하는 능력은 어떤지 등 수많은 차이의 뿌리에는 기질이 존재한다. 사람이 어떤 상황에서 보이는 반응은 반드시 의도적인 결과만은 아니다. 기질을 이해한다는 건 행동의 원인을 바르게 해석하는 것과 비슷하다.

경기도의 한 기관에서 〈기질로 보는 심리학〉 강의를 진행할 때였다. 재희 씨와 채영 씨는 항상 함께 다니는 단짝 수강생이었다. 수업도 같이 앉고, 쉬는 시간에도 함께 다니고, 강의가 끝나면 점심을 먹고 카페에 가곤 했다. 그런데 어느 날, 수업 도중 갑자기 건물 내 경보가 울렸다. 모두 당황했고, 나는 수강생들에게 일단 대피하자고 안내했다. 그런데 이미 그 말을 하기 전에 채영 씨는 자리를 박차고 혼자 먼저 강의실 밖으로 뛰어나간 상태였다. 다행히 화재가 아닌 오작동이었다. 한 남성 직원이 실내에서 담배를 피워 경보가 울린 것이라는 안내방송이 나왔고, 나는 다시 강의실로 돌아가자고 알렸다. 모두 안도의 숨을 내쉬었지만, 그 순간 강의실 한쪽에서는 두 사람이 다투는 소리가 들리기 시작했다.

"야, 너 뒤도 안 보고 뛰어나가더라. 진짜 놀랐어."

"아니, 그게... 나도 모르게 그랬어. 그냥 너무 놀라서..."

"우와... 어떻게 그럴 수 있지? 그 상황에서 혼자 살겠다고 친구는 내팽개치고 나가더라..."

"내팽개치기는... 너무 놀라서 빨리 나가야 한다는 생각밖에 없었어. 서운했다면 미안해."

재희 씨는 자신의 가장 가까운 친구인 채영 씨가 위험한 순간에 자신을 버리고 도망간 것에 충격과 배신감을 느꼈다. 반면 채영 씨는 자신도 당황해 의식 없이 반사적으로 반응했을 뿐이라고 말하며 사과했다. 그날 강의는 여전히 또렷하게 기억에 남는다. 두 사람이 제공해 준 실제 사례 덕분에 자연스럽게 기질이 다른 서로를 이해하는 법으로 주제가 바뀌었다. 수업 중 진행했던 기질 검사에서 채영 씨는 위험회피 점수가 거의 만점에 가까운 점수로 매우 높은 반면, 재희 씨는 위험회피 점수가 낮은 수준이었다.

위험회피가 높은 사람은 위협적인 자극에 민감하고, 놀라는 반응과 회피 행동이 빠르게 일어난다. 반대로 위험회피가 낮은 사람은 동일한 자극에 대해서도 반응이 조금 늦거나 덜 민감하게 나타나며, 상황을 침착하게 판단하고 행동하는 경향이 있다. 이러한 차이는 성격의 차이를 넘어 생물학적·신경학적 기반에서 비롯된 것으로 타인의 행동을 이해하는데 중요한 단서가 된다. 상대방의 반응 뒤에 숨겨진 기질적 차이를 이해할 때, 우리는 그들의 행동에 대한 불필요한 오해와 실망을 줄이고 보다 깊은 공감과 포용을 할 수 있다.

 기질은 정서 반응성과 자기 조절 능력의 생물학적 기반이며 타고난 특성으로 여겨진다. 기질 중 '위험회피'는 클로닝거의 기질 이론에서 핵심 요소로 도파민, 세로토닌 시스템과 깊은 관련이 있으며, 불안 민감성과 관련된 신경전달물질의 활성 패턴으로 설명된다. 위험회피가 높은 사람은 잠재적 위협이나 부정적 자극에 민감하며, 도망 반응이 빠르고, 지나치게 신중하거나 회피적일 수 있다. 반면 낮은 사람은 충동적이거나 위험 감수적일 수 있다. 같은 상황에서도 각자의 신경계 반응 속도와 민감도가 달라서 같은 자극에 대해 전혀 다른 반응이 나올 수 있다.

 위험회피 성향은 위협 자극에 대한 반응뿐 아니라 대인 관계에서도 중요한 작용을 한다. 회피 성향이 높은 사람은 새로운 사람을 만날 때 경계심이 크고, 부정적 피드백에 민감해 갈등을 피하려는 경향이 두드러진다. 반면 회피 성향이 낮은 사람은 때로는 불쾌한 상황이나 감정적 충돌이 있어도 이를 피하지 않고 직면하려는 태도를 보이기도 한다. 이러한 차이는 관계의 형성과 유지 방식에 영향을 미치며, 타인의 반응을 해석하고 반응하는 데 있어 정서적 필터로 작용한다.

 이는 또한 정서 예측과도 관련이 있다. 위험회피가 높은 사람은 앞으로 벌어질 수 있는 부정적 감정을 더 빨리 떠올리는 반면, 낮은 사람은 정서 반응의 예측과 연결이 느리다. 이와 관련된 뇌과학 연구에 따르면 편도체는 위험회피 성향이 높은 사람일수록 더 민감하게 반응하며, 위협 자극에 대해 과잉 활성화된다. 이러한 반응의 기저에는 생애 초기의 기질과 양육 경험이 상호작용하며 영향을 미친다. 유아기부터 낯선 상황에 민감하고 쉽게 움츠러드는 아이들은 성장하면서 반복적으로 두려움을 학습하게 되고, 이는 위험회피 성향을 강화한다. 부모가 이들의 불안을 과도하게 수용하거나 회피 행동을 지지할 경우, 아이는 위험회피 성향을 고착화할 가능성이 크다. 결국 위험회피는 선천적 기질과 후천적 환경의 상호작용 결과로 형성되며, 이는 청소년기 이후 성격의 일부로 자리 잡는다.

흥미롭게도 위험회피 성향은 문화권에 따라 평균적인 차이를 보이기도 한다. 호프스테드G. Hofstede가 개발한 다문화 심리학의 문화 차원 이론에 따르면, 동아시아 문화는 상대적으로 높은 '불확실성 회피'를 보이며, 이에 따라 위험회피적 행동이 사회적으로 장려되기도 한다. 이는 개인의 기질적 특성과 상관없이 위험회피적 사고방식이 사회 규범처럼 내면화되기 쉬운 환경임을 의미한다.

채영 씨가 즉각적으로 뛰어나가고 재희 씨가 비교적 침착하게 반응한 행동 차이는 기질적 차이에 의한 자연스러운 반응임이 뇌과학과 발달심리학 연구를 통해 밝혀지고 있다. 특히 억제성 연구와 편도체 활성 연구는 위험회피가 높은 사람들은 위험 신호에 더 민감하고 빠르게 반응하는 반면, 위험회피가 낮은 사람은 신중하고 느긋한 반응을 보인다는 것을 보여 준다. 이러한 기질 차이를 이해하면 서로의 행동을 의도적 배신이 아닌 본능적 반응으로 해석할 수 있다. 한 학기가 지나고 재희 씨가 수강 후기에 남겼던 글을 여전히 보관하고 있다.

"기질을 이해하고 사람에 대한 실망이 줄었어요. 씁쓸했지만 어쩔 수 없는 순간들이 있더라고요. 의도적으로 악의를 가지고 그런 행동을 하는 게 아니라 저 사람은 저런 부분이 좀 더 활성화되어 있다고 생각하게 됐어요. 사람을 볼 때 단면만 보고 성격이 이상하다거나 편협적으로 보던 시선도 다양한 시선으로 볼 수 있게 되었습니다. 이런 수업을 조금 더 일찍 배울 수 있었다면 인간과 삶에 대한 태도가 달라지지 않았을까 생각해요."

우리는 누군가의 행동을 성격이나 인격 혹은 관계의 문제로 단정하기 쉽다. 하지만 그 행동이 기질에서 비롯된 자동적 반응이라면 실망보다 이해가 먼저일 수 있다. 기질은 타고난 것이지만, 그 기질을 인식하고 이해받는 순간부터 성숙이 시작된다. 타인의 반응 뒤에 숨은 기질을 보는 눈을 가질 때, 우리는 '왜 저래?'라고 생각하지 않고, '그럴 수 있겠다'는 여유를 가질 수 있다. 사람 사이 관계의 진실은 겉으로 드러나는 행동만으로 판단할 수 없다. 그 이면에 숨겨진 메시지, 즉 각자의 타고난 기질과 반응 방식을 이해할 때 진짜 소통과 공감이 시작되고, 우리는 더욱 성숙한 관계를 맺을 수 있다.

"저는 왜 제 딸이 저와 같은 꽃이어야 한다고
생각했을까요. 제 딸은 저와 다른 환경에서
다른 햇살과 비를 맞으며, 다른 계절에 피어난
꽃이었는데 말이에요. 저는 벚꽃이 좋은데 딸은
프리지어가 좋대요. 그럼 이제 프리지어로
활짝 필 수 있게 응원해 줘야겠죠."

- 〈다르게 피어난 꽃〉 중에서

chapter 4

이방인의 정원 :
다름의 공존

배구장에 들어온 농구공

우리는 개인의 성격이나 능력만을 중심으로 문제를 진단할 때가 많다.

"왜 저 사람은 적응을 못할까?"

"내가 부족한 걸까?"

하지만 문제가 때로는 내가 아니라 나를 둘러싼 환경에 있을 수도 있다. 아니, 더 정확히 말하자면 나와 환경 사이의 궁합에 있다. 어떤 씨앗이든 흙의 성질, 햇볕의 방향, 물의 양이 맞지 않으면 싹을 틔우지 못하듯 인간도 마찬가지다. 아무리 유능하고 성실한 사람이라도 그 사람이 지닌 기질과 맞지 않는 환경에 놓이면 본래의 역량만큼 발휘되지 못하고 오히려 상처만 깊어질 수 있다. 문제는 많은 사람이 그 부조화를 자신의 문제로만 받아들인다는 것이다.

이처럼 사람과 환경의 궁합은 편안함뿐 아니라 심리적 건강과 성과, 관계, 성장에 지대한 영향을 미친다. 이를 설명하는 대표적인 이론이 개인-환경 적합성 이론Person-Environment Fit Theory이다. 이 이론은 개인의 성향, 능력, 가치가 조직 환경과 얼마나 잘 맞느냐에 따라 직무 만족도, 조직몰입, 스트레스 수준, 번아웃, 이직 가능성, 심리적 안녕 등이 결정된다고 본다. 이는 크게 두 가지로 나뉜다.

첫 번째는 개인이 직무와 얼마나 잘 맞는지 확인하는 개인-직무 적합성Person-Job Fit으로 내가 맡은 일 자체와의 궁합이다. 예를 들어 창의적인 아이디어를 내는 일을 좋아하는 사람이 단순 반복 업무에 배치될 경우 스트레스를 받을 수 있다.

두 번째는 조직과 얼마나 조화를 이루는지 확인하는 개인-조직 적합성Person-Organization Fit이다. 내가 속한 조직의 문화와의 궁합을 의미한다. 경쟁과 속도를 중시하는 조직에 협력과 성찰을 중시하는 사람이 입사하면 갈등이 생길 수 있다.

특히 기질적 적합성은 업무 수행보다 더 깊은 차원에서 개인의 정서적 안녕과 정체감에 영향을 준다. 예를 들어 조직 문화가 외향성과 빠른 의사결정, 높은 경쟁을 이상적으로 추구하면 반대 성향의 구성원은 지속적으로 자극을 받거나 자신을 부정하게 된다. 문제는 개인의 능력 부족이나 성격 결함만이 아니라 맞지 않는 환경에 있을 수 있으며, 변화가 필요한 대상은 환경일 수 있다. 이 관점을 갖는 것만으로도 우리가 불필요한 자기 비난에서 벗어나고 보다 적절한 변화 방향을 찾을 수 있다.

중요한 건 다름 그 자체보다 그 다름이 평가받는 방식이다. 조직이 성과와 속도를 중시할수록 성찰형 인간은 주목받기 어렵다. 게다가 우리나라 사회의 조직 문화는 어울림, 융화, 팀워크의 가치를 중요시한다. 조용하고 독립적인 기질은 때때로 협동심 부족, 심지어 태도의 문제로 오해받는다. 하지만 기질은 더 낫고 못한 것이 없으며, 각기 다른 정보처리 방식이다. 농구공이 배구장에 들어왔다고 해서 그 공이 고장 난 것은 아니다. 다만 그 환경이 자신에게는 최적화되지 않았을 뿐이다. 그것을 스스로도 모르고 남들도 인정해 주지 않을 때 문제는 시작된다.

20대 후반 진태 씨는 이직하기 전 회사에서는 성실하고 책임감 있는 직원이라고 평가받았다. 일도 빠르게 익히고, 팀 내 회의에도 적극적으로 참여했다. 하지만 이직하면서 상황이 달라졌다. 더 좋은 조건으로 이직을 했지만, 팀장은 성과 중심적이고 위계적인 스타일이었고, 팀원 간에도 개인의 경쟁 성과를 우선시하는 분위기가 강했다. 이전 회사에서는 누구나 서로 도우며 일을 분담했고, 회식이나 소소한 일상 대화 속에서도 따뜻한 유대감이 형성되었지만, 지금은 형식적인 관계가 전부였다. 진태 씨는 점점 말수가 줄었고, 출근이 부담스러워졌다. 그때 〈기질로 보는 심리학〉 강의를 수강했고 많은 얘기를 나눌 수 있었다.

"왜 제가 새로운 팀에 적응을 못하는지 모르겠어요. 저 원래 어디 가서도 크게 적응하기 어렵지 않고 문제를 일으키거나 그런 성격이 아니거든요. 사람들하고도 항상 잘 어울리고 잘 지내는 편이고요. 그런데 이번엔 좀 힘들어요. 뭐가 문제인지 몰라서 더 답답해요."

진태 씨는 기질 및 성격 검사에서 '연대감'이 매우 높은 점수가 나왔다. 이는 타인과의 협력과 조화를 중요시하는 특징을 지닌다. 연대감이 높은 사람일수록 타인을 신뢰하고, 집단 속에서 의미 있는 관계를 맺으며 공동의 목표를 추구할 때 동기와 만족감을 느낀다. 반면 경쟁과 고립의 분위기에서는 위축되고, 자기 비난과 심리적 고립이 심화될 수 있다.

진태 씨가 적응을 못한 것이 아니다. 진태 씨가 지닌 기질과 성격이 현재의 조직 환경 사이에 부조화가 있었다. 만약 진태 씨가 연대적 문화가 강조되는 팀이나 조직에 계속 있었다면, 자신의 특징을 발휘하면서 더 큰 성과를 냈을지도 모른다. 이처럼 사람의 어려움은 환경과의 궁합에서 출발하는 경우도 많다.

20대 중반 윤진 씨는 연대감 점수가 매우 낮았다. 진태 씨와 윤진 씨는 비슷한 연령대에 같은 지역에 살고 있었는데, 강의에서 두 사람의 이름이 자주 언급된 이유는 모든 척도의 점수가 완전히 반대였기 때문이다. 내가 수강생들을 쉽게 이해시키기 위해서 기질에 대한 실제 사례를 전해 주거나 질문을 하면 두 사람은 항상 답변도 반대로 했다. 처음엔 서로 반대 방향으로 나온 그래프를 보면서 신기해했지만, 시간이 흐를수록 서로에 대해 이해하면서 이제 말하지 않아도 알 것 같다고 웃으며 말하기도 했다. 나는 두 사람 덕분에 강의를 수월하게 진행할 수 있었다. 어떤 사례든지 항상 반대로 답변해 주는 진태 씨와 윤진 씨가 있어서 생생하게 두 사람을 비교하면서 설명할 수 있었고, 내 설명에 두 사람이 자신들의 의견을 덧붙이면서 다른 수강생들의 이해를 도왔다.

윤진 씨처럼 연대감이 낮으면 다소 냉정해 보일 수 있지만 명확한 목표와 성과 지향적인 환경에서는 오히려 더 빛을 발할 수 있다. 예를 들어 대학원 입시를 준비 중이던 윤진 씨는 학부 시절 스터디에서 늘 갈등을 겪었다. 다른 사람과 자료를 나누거나 피드백을 주고받는 일에 큰 흥미가 없었고, 팀 과제를 하면서도 혼자서 끝내는 일이 많았다. 연대감이 낮은 사람은 자신이 공동체의 일부라는 느낌보다 개인의 독립성과 효율성을 중시하는 경향이 있다. 윤진 씨는 처음에는 이기적인 사람이라는 오해도 받았지만, 혼자서 집중할 수 있는 학습 환경에서는 누구보다 빠르게 성과를 냈다. 다른 이들과의 협업보다 혼자 목표를 설정하고 효율적으로 움직일 때 몰입도가 높아지고 성취감도 컸다. 결국 윤진 씨는 경쟁률이 높은 대학원에 단기간에 합격했고, 현재는 개인 연구 역량을 중심으로 움직이는 실험실에서 만족도 높게 생활하고 있다.

이렇게 윤진 씨 사례처럼 연대감이 낮다고 해서 반드시 문제는 아니며, 개인주의적이거나 성과 중심의 환경에서는 오히려 유리할 수 있다. 연대감은 환경과의 상호작용에서 중요한 성격 특성이다. 여기에 사람과 환경의 궁합을 이해한다면 성격이 문제라는 일방적 판단에서 벗어날 수 있다.

윤진 씨는 자신에게 편안한 방법으로 맞는 곳에서 생활할 수 있게 되었지만, 진태 씨의 사례는 개인-조직 적합성Person-Organization Fit이 맞지 않는 상황이었다. 진태 씨는 함께 협력하며 공동의 목표를 위해 일할 때 즐겁고 성과도 훨씬 좋은 편인데, 새로운 조직은 독립적이고 개인주의를 선호하는 문화였다. 진태 씨는 배구장에 들어온 농구공인 셈이다. 경기장의 바닥, 네트, 공기조절, 조명, 심지어 관중들까지도 모두 배구를 위해 준비되어 있었다. 그런데 자신은 공을 튕기는 방식도, 다루는 방법도, 규칙도 전혀 다른 농구공이었던 것이다. 마치 정해진 규칙과 리듬이 있는 경기장에 다른 공이 잘못 들어온 것처럼 아무리 튕겨도 방향은 엇나갔고, 그는 자꾸만 벤치로 물러나는 모양새였다.

개인-환경 적합성 이론Person-Environment Fit Theory은 이러한 기질과 환경 간의 미스매치를 잘 설명해 준다. 진태 씨는 농구를 잘할 수 있는 능력을 갖췄지만, 배구 경기를 하는 조직에서는 자신의 강점을 발휘할 수 없다. 이때 자기 자신을 바꾸려고 애쓰는 것보다 내가 어떤 환경에서 잘 작동하는 사람인지, 내 기질에 맞는 조직은 어떤 모습인지 이해가 필요하다. 중요한 것은 '내가 틀린 사람인가?'라는 생각 대신, '나는 어떤 공이고, 어떤 경기장에 있을 때 가장 나답게 될 수 있는가?'를 묻는 것이다. 배구장은 누군가에겐 최고의 경기장이지만 어떤 이에게는 부상 위험이 있는 낯선 곳이다. 기질이 다르면 반응 방식도, 동기 유발도, 회복 방식도 다르다. 다른 경기의 규칙을 배운다고 나 자신이 완전히 변하는 것은 아니다. 오히려 자신이 어떤 공인지 알고, 그것을 인정하고, 나에게 맞는 경기장을 찾을 줄 아는 것이 진짜 어른스러움 아닐까.

많은 사람이 '내가 부족해서', '내가 너무 예민해서', '나는 왜 이 조직에 잘 적응 못할까?'라는 자책에 빠진다. 하지만 진짜 문제는 개인과 환경 사이의 궁합에 있다. 농구공이 배구장에 왔다고 해서 운동 능력이 없는 건 아니다. 다만, 그 공이 빛날 수 있는 장소가 다른 것뿐이다. 'Person-Environment Fit'이라는 렌즈를 통해 자신을 바라보면, 나의 고유한 기질이 어떤 환경에서 활짝 피어 날 수 있을지에 대한 실마리를 찾을 수 있다. 그리고 그 이해는 진정한 자기이해와 경력의 방향성 탐색으로 이어진다.

다르게 피어난 꽃

　　　　　기질을 모르고 살아갈 때 우리는 오해하는 경우가 생긴다. 특히 부모와 자녀처럼 서로를 너무 잘 안다고 믿는 가까운 관계일수록 기질의 차이로 깊은 갈등이 생기기도 한다. 지금까지 〈기질로 보는 심리학〉 강의에 참여한 사람들은 대학생부터 직장인, 사업가, 변호사, 의사, 주부, 교사, 강사, 상담사, 연구원, 코치, 외국인까지 다양했다. 언젠가 한 수강생이 "선생님은 다양한 지역에서 다양한 사람들을 만나시는데 가장 기억에 남는 수강생이 누구예요?"라는 질문을 했었다.

　　질문을 받고 생각해 보니 경기도 안산에서 강의했을 때 만났던 모녀가 떠올랐다. 20대 초반의 대학생 딸과 50대 초반의 어머니가 함께 수강 신청을 했었고, 모녀는 12주간 매주 빠짐없이 강의에 참석했다. 강의 초반에는 서로에 대한 불만을 늘어놓기도 하고 본의 아니게 서로에게 짜증을 내기도 했다.

"엄마는 저보고 뭐든 끝까지 하라고 해요. 근데 전 그게 안 돼요. 애초에 저한테 안 맞는 일이면 그냥 빨리 접고 다른 걸 찾고 싶거든요. 그리고 저는 아직 젊잖아요. 이거 공부하다가 아니다 싶으면 전공을 바꿔도 되고, 그냥 그때그때 하고 싶은 게 있으면 해도 괜찮지 않아요? 그게 젊음의 장점이죠. 엄마는 요즘 세대를 모른다니까요. 저를 좀 이해해 줬으면 좋겠어요."

"그럼 그건 또 언제 포기할 건데? 저는 딸이 하나쯤은 꾸준히 해 보는 경험을 했으면 좋겠어요. 요즘 애들은 너무 쉽게 포기해요. 뭘 제대로 해 보기도 전에 자기한테 안 맞대요. 제대로 끝까지 해 보기나 했냐고요. 젊은 건 금방 지나가잖아요. 그러다 나이만 들면 어떡해요. 딸이 제 마음을 좀 알아줬으면 좋겠어요. 잔소리가 아니라 걱정돼서 그러는 걸요. 우리 집에 이런 사람이 없는데 너무 신기해요. 왜 우리를 안 닮았을까요?"

어머니는 한평생 시장에서 장사를 하시며 하루도 쉬지 않고 일하셨고, 아버지 역시 26년째 중소기업에 근무하고 계셨다. 어머니는 딸이 부모를 닮지 않았다는 것에 당황하고 이해하기 힘들었다. 딸은 그런 엄마가 무섭기도 하고, 답답하기도 했다. 부모가 자녀에게 나를 닮았으면 하는 기대를 하는 것은 유전적 유사성 때문만은 아니다. 심리학에서는 이를 투사Projection 또는 자기 확장Self-Extension 의 일종으로 본다. 인간은 본능적으로 자신이 이해할 수 있는 기준, 자신에게 익숙한 방식으로 타인을 해석하려는 경향이 있다. 특히 부모는 자신이 살아온 가치와 태도, 삶의 방식이 옳다고 믿는 경우가 많고, 그 기준이 자녀에게도 통한다고 생각하기 쉽다. 그래서 자녀가 자신과 다른 방향으로 움직일 때, 그것을 틀림이나 부족함으로 오해하기도 한다.

또한 자존감 연구로 유명한 사회심리학자 에이브러햄 테서Abraham Tesser의 자기평가 유지 이론Self-Evaluation Maintenance Theory에 따르면 가까운 타인이 나와 다르게 행동할 때 자신에 대한 평가까지 영향을 받을 수 있다. 특히 가족처럼 동일시가 강한 관계에서는 자녀가 다른 선택을 할 때 부모는 그것을 개성의 차이로 받아들이지 못하고, 무의식적으로 자신의 가치관이 위협받는 것처럼 느끼기도 한다. 그래서 '왜 너는 우리처럼 하지 않느냐?'는 말 뒤에는 '내가 살아온 방식은 맞았던 걸까?'라는 불안한 질문이 숨어 있을 수 있다.

모녀가 제일 치열하게 대화를 나눈 주제는 '인내력'에 대한 부분이었다. 일반적으로 생각하는 인내력의 의미는 힘든 상황이나 고통을 참고 견디는 능력으로 알고 있는 경우가 많다. 그러나 기질 검사에서의 인내력은 보상 없이도 끈기 있게 반복적으로 과제를 수행하는 기질적 특성으로 자신의 욕구를 적절하게 조절하는 능력을 의미한다.

어머니는 딸의 인내력 점수를 보고 믿을 수 없다며 몇 번이나 설명을 다시 해 달라고 했다. 딸 역시 평생 부모님께 끈기 없고 인내심 부족하다는 말만 듣고 살았는데 왜 결과가 이렇게 나왔는지 궁금해했다.

"우리 딸은 이것저것 많이 벌리기만 하지, 금방 흥미를 잃고 금세 다른 것들로 시선을 돌리고, 뭐 하나 진득하게 하는 게 없는데요?"

"저도 부모님께 매번 같은 얘기만 들어서 제가 인내심 없는 사람이라고 생각하고 살았어요. 그래서 좀 놀랍긴 한데 흥미로워요. 뭔가 저에 대해서 새로운 부분을 발견할 수 있을 것 같은 기분이에요."

기질 검사에서 인내력이 높으면 좌절을 경험하거나 당장 보상이 주어지지 않아도 꾸준히 그 행동을 유지하는 것으로 본다. 물론 성장시켜야 할 부분도 존재한다. 빠르게 변화하는 환경에 대처 능력이 부족하고, 방향이나 흐름이 바뀌었음에도 같은 행동을 반복한다면 오히려 부적응적일 수 있다. 앞으로 시대는 불확실성이 높고 시대의 변화가 매우 빨라서 참고 버티는 것이 맞는 방법인지는 고민해 볼 필요가 있다. 그래서 조절 능력이 중요시된다. 반면 인내력이 낮으면 환경의 변화에 적응이 빠르지만, 시간과 노력의 축적이 필요한 분야에서는 쉽게 포기하고 끈기가 부족할 수 있다. 더 나은 개선을 위해서 노력하지 않기 때문에 야망이 적고 현재에 머무르려는 성향을 보이는 것도 특징이다.

"아! 그렇다면 제가 인내력이 높은 게 맞는 것 같아요. 제가 근면도 높고 성취에 대한 야망도 높아요. 제가 좋아하는 일을 할 땐 정말 부지런하고 한 번 하면 또 완벽하게 하려고 해요. 엄마는 저의 이런 부분까지는 보신 적이 없으니까 모르시겠지만요. 부모님이 시키는 걸 오래 못할 뿐이지, 제가 하고 싶은 건 또 꾸준히 할 때도 있어요."

인내력은 타인의 인정과 같은 외부 자극보다 성향과 같은 내적 동기나 루틴에 의해 유지된다. 그래서 부모가 보기에는 금세 포기하는 것처럼 보여도 본인의 내적 기준과 동기에 따라 움직이고 있었다면, 그것은 끈기 부족이 아니라 다른 방식의 지속성일 수 있다. 중요한 건 어디에, 어떻게 쓰이는 인내인가를 이해하는 것이다.

수강생들은 강의를 들으면서 초반에는 자기 자신에 대해 궁금해하고 관심을 두지만, 후반부로 갈수록 가족들의 기질도 유추해보고 연인, 친구, 지인 등 생각나는 사람이 많아진다고 했다. 그래서일까. 강의 후반부로 갈수록 "혹시 우리 엄마는 ○○ 기질인가요?", "남자친구가 자꾸 반복해서 확인하는 건 불안이 높은 기질일까요?" 같은 질문들이 자연스럽게 쏟아진다. 타인을 이해하고 싶은 마음은 결국 자신이 먼저 이해받는 경험에서 시작되기 때문이다. 그런 의미에서 모녀가 함께 강의를 듣는다는 건 흔치 않은 일이고, 서로에 대한 정보 공유 이상의 의미가 있다. 서로의 삶을 더 깊이 들여다보고, 다름을 인정하고 받아들이는 여정이 함께 시작된다는 뜻이기 때문이다.

강의가 중반을 지나 후반부로 접어들면서 서로를 바라보는 모녀의 눈빛과 표정에도 작은 변화가 생겼다. 처음에는 어딘지 조심스럽고 경직되어 있던 얼굴이 어느새 부드럽고 유쾌한 기색으로 물들기 시작했다. 때로는 '우리 엄마가 저래서 그랬구나', '딸이 그렇게 반응한 건 기질적인 차이 때문이었구나' 하는 깨달음에 함께 웃음을 터뜨리기도 했다. 한 사람을 이해한다는 건 마음속에서 그 사람의 자리와 의미를 다시 새기는 일인지도 모른다. 기질을 통해 서로를 다시 보는 이 시간이 서로를 오해한 기억을 조금씩 덜어 내고, 그 자리에 다정한 이해와 공감이 차오르기를 바랐다.

"저는 왜 제 딸이 저와 같은 꽃이어야 한다고 생각했을까요. 제 딸은 저와 다른 환경에서 다른 햇살과 비를 맞으며, 다른 계절에 피어난 꽃이었는데 말이에요. 저는 벚꽃이 좋은데 딸은 프리지어가 좋대요. 그럼 이제 프리지어로 활짝 필 수 있게 응원해 줘야겠죠."

12주가 지나고 종강하던 날, 어머니의 수강 후기는 우리 모두의 마음에 오래도록 남았다.

피부와
마음 사이

"늦어서 죄송합니다. 병원 진료가 조금 늦어졌어요."
"어머, 피부가 왜 그러세요?"
"모르겠어요. 갑자기 이렇게 붉게 달아오르더니 가렵고 뭐가 났어요. 병원에서는 특별한 원인을 모르겠대요. 우선 약만 받아 왔어요."

40대 주부 진선 씨는 40대라곤 믿기 어려울 만큼 뽀얗고 고운 피부가 모두의 부러움을 샀던 분이다. 그런데 어느 날 한 번도 지각한 적 없던 진선 씨가 급히 병원 진료를 보고 왔다며 지각을 했다. 진선 씨의 고운 피부는 한눈에 보기에도 벌레에 물린 듯 얼굴의 반 이상과 목까지 붉어졌고, 작은 좁쌀 같은 무언가가 보였다.

밤새 잠도 못 자고 고생하다가 병원을 갔는데 확실한 답변을 듣지 못해서 괜히 더 불안하다고 했다.

가끔 마음이 느낀 것을 말로 하기 전에 피부로 흘려보내서 몸이 먼저 말할 때가 있다. 아무 이유 없이 가렵고, 때론 발진이 나고, 어딘가 붉게 달아오른다. 병원에서는 특별한 원인을 찾지 못할 때도 많다. 하지만 그 증상은 분명히 실재하고, 삶의 리듬을 어지럽힌다. 피부는 감정의 스크린이 된다. 낯선 상황 앞에서 두드러기가 오르고, 긴장 속에서 손바닥에 땀이 차오르며, 스트레스를 받을 때 여드름이 번진다. 몸은 마음을 숨기지 못하고, 마음은 몸을 통해 신호를 보낸다. 그래서 피부를 치료하려는 사람 앞에서 피부만 보지 않고 마음을 함께 보려는 시선이 필요하다.

그 무렵 다른 지역에서 〈기질로 보는 심리학〉이 개강을 했는데, 피부과 의사가 수강생으로 왔다. 처음엔 의사가 이 강의에 왜 왔을까 궁금했다.

"스트레스받지 마세요, 잠 푹 주무시고요, 약 잘 바르시고요. 하루에도 수십 번, 의사로서 환자에게 하는 말인데요. 어느 날 문득, 그 말들이 너무 무책임하게 느껴졌어요. 피부는 우리 몸의 바깥이잖아요. 제일 먼저 드러나는 곳이기도 하고요. 그런데 이상하게 피부병이 생긴 환자들을 보면 단순히 외부 환경이나 유전 탓으로만 설명되지 않는 뭔가가 있었어요. 같은 병을 앓는 사람들인데, 어떤 환자는 심해지고 어떤 환자는 금방 나아져요. 약 때문일까? 생활 습관? 아니에요. 그보다는 마음 때문이에요. 사실 피부병은 마음의 병이에요. 그런데 그 마음이라는 걸 저는 너무 모르겠더라고요. 스트레스가 피부병을 악화시킨다는 건 다 알잖아요. 그런데 그 스트레스를 사람마다 다르게 받아들이는 데... 그건 기질이나 성향 차이 아닐까요?"

피부는 마음의 경계선이라는 말이 있다. 마음이 직접적으로 표현되지 못할 때, 그 신호가 피부로 드러난다는 것이다. 실제로 심리학과 정신신체의학Psychosomatic Medicine에서는 피부염, 두드러기, 건선, 지루성 피부염 등이 스트레스와 밀접한 관련이 있음을 반복적으로 증명해 왔다. 피부는 외부 자극에 대한 방어막이 아니라 감정과 정서의 변화를 반영하는 또 하나의 감각 기관인 셈이다.

미국의 심신의학 전문가 허버트 벤슨Herbert Benson은 이완반응Relaxation Response 실험을 통해 스트레스 완화가 피부 염증을 포함한 다양한 자율신경계 질환에 긍정적 영향을 준다는 것을 보여 주었다. 이와 비슷하게 한 연구에서는 아토피 피부염 환자에게 인지 행동 치료를 병행했더니 증상이 유의미하게 호전되었고, 피부 가려움이나 염증 수준도 눈에 띄게 낮아졌다. 마음을 안정시키는 것이 곧 피부를 돌보는 일이기도 하다는 의미다.

그렇다면 피부과 의사는 환자들에게 스트레스를 받지 말라고 조언하는 것이 왜 무책임하게 느껴졌을까. 그건 스트레스를 받아들이는 방식이 사람마다 다르기 때문이다. 기질 심리학에서 말하는 '사회적 민감성'은 그 차이를 설명하는 중요한 열쇠다. 사회적 민감성이 높은 사람은 타인의 감정이나 반응에 민감하게 반응하며, 주변 사람의 피드백이나 분위기 변화에 빠르게 영향을 받는다.

이들은 정서적 자극에 크게 반응하는 경향이 있어 상대적으로 스트레스에 더 취약하다. 예를 들어 회의 중 상사의 무심한 한 마디에 하루 종일 마음 불편하게 신경이 쓰이고, 대인 관계의 사소한 갈등에도 깊은 상처를 받는다. 이러한 긴장 상태는 마음에만 머물지 않고 몸으로도 드러난다. 자율신경계가 활성화되면서 심장이 빨리 뛰고 위장 기능이 불편해지며, 무엇보다도 피부가 예민하게 반응할 수 있다.

반면 사회적 민감성이 낮은 사람은 동일한 상황에서도 비교적 평정심을 유지하며, 스트레스 유발 자극에 무던하게 반응하고 그 영향이 신체로 전이되는 수준도 낮다.

심리생리학에서는 이러한 현상을 인지 평가 이론Cognitive Appraisal Theory으로 설명한다. 미국의 심리학자 라자루스Richard Lazarus에 따르면 스트레스는 외부 사건 자체보다는 그 사건을 어떻게 해석하고 평가하는지에 따라 다르게 경험된다. 즉 같은 자극도 위협으로 해석하면 긴장 반응이 유발되고, 도전으로 해석하면 오히려 각성이 긍정적으로 작용한다는 의미다. 이런 평가 과정은 개인의 기질, 경험 그리고 사회적 민감성에 따라 달라지며, 스트레스가 몸에 미치는 방식도 크게 달라진다. 또한 심리신경면역학^{Psychoneuroimmunology,} PNI 분야의 연구들은 스트레스가 신경계와 면역계를 매개로 피부 염증을 유발하거나 악화시킬 수 있다는 점을 지속적으로 보여 주고 있다. 스트레스를 어떻게 다루느냐가 곧 피부의 상태와도 직결되는 셈이다.

이러한 기질 차이는 마음이 약한 사람이란 말로 환원될 수 없다. 예민한 감각, 민감한 마음은 환경을 더 섬세하게 인지할 수도 있지만, 동시에 스트레스로부터 자신을 보호하는 심리적 면역력에는 취약할 수 있다. 그래서 같은 진단을 받은 환자라 하더라도 어떤 이는 더 쉽게 피부가 트러블을 일으키고, 어떤 이는 그렇지 않다. 어떤 사람은 작은 트러블에도 예민하게 반응하고 또 어떤 사람은 몸의 증상을 참고 참다가 한참 뒤에야 병원을 찾는다. 이는 각자의 기질과 사회적 민감성의 차이에서 비롯된다. 환자가 가진 타고난 감정 처리 방식과 사회적 압박에 대한 민감도는 치료 경과에도 영향을 미친다. 의사가 이런 차이를 이해하고 접근할 때, 환자의 피부뿐 아니라 마음도 함께 치유될 수 있다. 눈에 보이는 증상에만 주목하는 것이 아니라 그 이면에 자리한 불안과 예민함, 수치심과 위축 같은 감정의 결을 함께 살펴야 한다.

기질은 타고난 마음의 지도와도 같고, 사회적 민감성은 그 지도를 따라가며 부딪히는 세상의 굴곡이다. 피부과 진료실에서 또는 일상에서 우리가 타인의 고통을 마주할 때 그 지도를 읽는 연습을 한다면 좀 더 조심스럽고 깊은 손길로 서로를 어루만질 수 있을 것이다.

피부과 의사 수강생은 강의가 중반부를 넘어가자 이런 말을 덧붙였다.

"이제는 약을 줄 때 환자의 기질도 조금씩 떠올려 보게 돼요. 아주 세세하게 분석할 수는 없겠지만, 이 사람이 뭘 두려워하고 뭘 예민하게 받아들이는지 잘 듣는 시간이 더 중요하다는 걸 깨달았거든요. 마음을 먼저 들어주는 의사가 되려고요. 그 자체가 이미 피부에 약을 바르고 있는 것 아닐까요?"

그 자리에 있던 수강생들의 박수갈채가 쏟아졌다. 의학적 치료에만 머물지 않고 환자의 마음을 어루만지는 치유자의 태도가 무엇인지 모두가 함께 느끼는 순간이었다. 마음을 먼저 듣는다는 것, 그 공감과 이해가 약보다 더 깊이 스며들 수 있다는 사실은 이 강의의 핵심이었다. 특히 사람마다 다른 기질과 사회적 민감성을 이해하려는 태도는 관계를 부드럽게 하는 차원을 넘어 치유의 본질에 가까워지는 길이었다.

사실 많은 환자가 자신의 감정을 정확히 설명하는 데 어려움을 느낀다. 그저 '가렵다', '따갑다', '붉어진다'는 표현 속에는 무력감, 수치심 혹은 타인의 시선에 대한 두려움이 숨어 있다. 이처럼 피부 질환은 사회적 맥락과 감정이 복합적으로 얽혀 있는 문제일 때가 많다. 의사가 마음을 먼저 들어주는 태도는 환자가 스스로의 고통을 이해하고 언어화할 수 있게 도와주는 출발점이 된다.

　피부와 마음은 결국 하나의 생명 안에서 연결되어 있으며 그 경계를 부드럽게 어루만질 수 있을 때, 우리는 더 온전한 치유에 다가갈 수 있다. 마치 눈에 보이지 않는 연고처럼 따뜻한 관심과 기질에 대한 이해 그리고 타인의 민감성에 대한 존중이 피부를 넘어 마음까지 스며들기를 바라며, 나 또한 계속해서 듣는 연습을 부지런히 해야겠다고 다짐한다.

내 삶의
리모컨

중요한 결정을 앞두고 고민하며 멈칫하는 순간들이 있다. '내가 진짜 원하는 게 뭐였지?'라는 질문 앞에서 자신 없는 침묵만 이어질 때, 마치 내 삶인데도 리모컨은 다른 사람이 쥐고 있는 것처럼 느껴진다. 누군가가 방향을 알려 주고 옳고 그름을 대신 판단해 주길 바라는 마음은 언뜻 보면 편할 수 있지만 시간이 지날수록 그 편안함은 무기력이라는 그림자를 남긴다.

우리는 언제부터 혼자선 아무것도 할 수 없는 사람이 되었을까. 선택할 수 없고, 스스로 감당할 자신이 없어서 다른 사람의 선택에 편승하며 살아가게 되는 건 아닐까. 살아 있다는 감각보다 남에게 잘 보이기 위한 삶의 껍데기만 남은 느낌. 이는 게으름이나 나약함의 문제가 아니라 자율성이라는 심리적 자원의 결핍과 깊은 관련이 있다.

30대 여성 한나 씨는 늘 연애 중이다. 현재의 연애가 끝나기도 전에 새로운 남성을 만날 준비를 한다. 그녀는 남자가 없으면 공허하고, 혼자 지내는 시간이 불안하다. 연애를 시작하면 상대가 이끄는 대로 따라간다. 무엇을 먹을지, 무엇을 입을지, 어떤 직업을 가질지도 스스로 결정하지 못한다. 그저 누군가와 함께 있고, 이끌림을 받고, 지시받는 관계 속에서 안정감을 느낀다. 그러나 이 안정감은 오래가지 못한다. 상대가 떠나는 순간, 그녀의 일상은 무너진다.

한나 씨는 자율성이 낮은 전형적인 사례다. '자율성'은 클로닝거의 TCI 기질 및 성격 7요인 중 성격의 한 축으로 개인이 자기 삶을 계획하고 책임지는 능력, 즉 삶의 주도권과 관련된다. 자기 목표를 정하고, 스스로 동기화하여 책임 있게 행동하는 능력을 의미한다. 자율성이 높은 사람은 자신이 원하는 방향을 파악하고 그것을 향해 꾸준히 나아간다. 스스로 동기 부여하며 실패를 감당할 줄도 안다. 반면 자율성이 낮은 사람은 자신의 욕구나 목표를 또렷하게 인식하지 못하고 타인의 시선과 판단에 쉽게 휘둘린다. 삶의 중심을 타인에게 맡기고 결과에 대해 책임지지 못한 채 반복적인 의존의 고리를 이어 간다.

그렇다면 한나 씨는 왜 이렇게 되었을까? 자율성은 하늘에서 떨어지는 것이 아니다. 대부분 유년기의 양육 환경과 애착에서 비롯되지만, 살면서 훈련을 통해 발전시킬 수도 있는 영역이다. 벨기에 겐트대학교 심리학과 교수 소넨스Bart Soenens와 반스틴키스테Maarten Vansteenkiste의 연구에 따르면 과잉 보호적이거나 통제적인 부모 밑에서 자란 아이는 자신의 욕구를 식별하거나 표현하는 능력이 약화된다. 자기 결정의 기회를 잃게 되고, 성인이 되어서도 누군가의 허락 없이는 무엇 하나 선택하기 어렵다. 볼비의 애착 이론에서도 안정적이지 못한 애착 유형(회피형, 불안형)의 아이는 성인이 되어서도 자율적 결정보다는 외부 지시에 의존하는 경향이 높다. 자신을 믿지 못하고, 감정적으로 독립되지 못한 상태에서 자율성은 자라기 어렵다.

심리학자 데시Deci와 라이언Ryan은 인간의 자율성에 대해 내적 통제 위치Internal Locus of Control와 외부 통제 위치External Locus of Control 개념을 통해 설명했다. 이 개념은 삶을 바라보는 시각이라고 이해해도 좋다. 내적 통제 위치는 자율성이 높은 사람으로 자신이 겪는 일들이 자기 행동과 결정에 따라 결정된다고 믿는다. 자신의 인생에서 일어나는 대부분의 일들이 자신의 노력, 선택, 능력에 의해 좌우된다고 생각한다. 이들은 자신의 성공이나 실패가 자신의 책임이라고 여기며, 실패할 때도 외부 탓을 하기보다는 내가 좀 더 잘했어야 했다고 생각한다.

외부 통제 위치는 자율성이 낮은 사람으로 자신이 겪는 일들이 주로 외부 요인에 의해 결정된다고 믿는다. 운, 환경, 타인 등의 외부 요인이 성공이나 실패의 주요 원인이라고 생각한다. 예를 들어 '내가 운이 좋아서 성공했어', '상사가 나를 미워해서 승진 못했어'와 같은 방식으로 외부적인 요소를 강조한다. 이 두 성향의 가장 큰 차이는 책임감과 통제감이다. 내적 통제 위치의 사람은 자기 행동이 결과를 바꿀 수 있다고 믿기 때문에 적극적이고 자기 주도적인 태도를 보이는 반면, 외적 통제 위치의 사람은 외부 요인에 대한 통제력이 없다고 여기고 수동적인 태도를 보일 가능성이 크다. 이러한 신념은 스트레스 대처 능력과 심리적 회복탄력성에도 깊은 영향을 준다.

한나 씨는 어린 시절부터 타인의 기대에 민감하게 반응하며 살아왔다. 부모는 착한 딸이 되기를 원했고, 그녀는 늘 누군가를 실망시키지 않기 위해 감정을 억누르고 순응적인 태도를 보여 왔다. 자신이 원하는 것보다 타인의 욕구를 우선시하는 방식은 성인이 된 후에도 지속되었고, 연인 관계에서도 상대의 요구에 맞추는 것이 사랑이라고 믿었다. 이러한 성향은 자기결정성 이론 Self-Determination Theory, SDT의 관점에서 볼 때, 외부 통제로부터 동기가 형성된 경우에 해당한다. 내면에서 우러난 욕구가 아닌 사랑받기 위한 조건을 충족하려는 동기는 자율성과 주체성을 약화시킨다. 결국 그녀는 관계 속에서 자신의 감정을 인식하거나 표현하는 능력을 잃게 되었고, 더욱 깊은 정서적 의존에 빠져들 수밖에 없었다.

자기결정성 이론은 인간이 본래 자율성, 유능감, 관계성의 세 가지 심리적 기본 욕구를 충족할 때 건강하게 성장할 수 있다고 본다. 부모의 심리적 통제가 자녀의 내면화 문제, 감정 억제, 자기 인식 저하를 유발할 수 있는 반면, 자율성 지원은 감정 조절 능력과 심리적 복지를 증진시킨다고 강조했다.

"저는 제가 뭘 좋아하는지 모르겠는데 알려고 하지도 않았어요. 그냥 남자친구가 좋으면 좋아요. 그렇게 다 맞추는데 상대는 왜 저를 떠나려고 하는지 모르겠어요. 상대가 떠나면 저는 그냥 무너져요. 그래서 의도적으로 누군가를 또 만나요. 그래야 의지하고 버틸 수 있어요. 빨리 결혼하고 싶어요. 그럼 평생 의지할 사람이 있는 거잖아요."

자율성이 낮은 사람은 반복되는 무력감으로 삶의 방향을 잃고, 우울감을 느낄 수 있다. 그 외에도 타인의 판단과 인정을 기반으로 정체성을 구성하려 하기에 관계가 흔들리면 자신도 무너지는 의존적인 관계 패턴이 형성되거나 감정을 스스로 알아차리지 못하고, 상대에 맞춰 조작하게 되는 어려움을 겪는다. 그리고 제일 기본적이고 중요한 자기 인식의 결핍을 겪는다. 한나 씨처럼 '나는 누구인가?', '나는 뭘 좋아하지?'라는 질문에 대답하기 어려워한다.

성인을 대상으로 강의를 할 때 내가 입이 닳도록 강조하는 부분이 자율성이다. 시간만 넉넉하다면 몇 시간을 더 하고 싶을 정도다. 사는 동안 훈련을 통해 키울 수 있는 영역이라고는 하나, 성인은 고착된 성격이나 습관, 자신만의 신념이 강해서 쉬운 부분은 아니다.

넷플릭스 드라마 〈정신병동에도 아침이 와요(2023)〉 1화에 등장하는 오리나의 스토리를 보면 자율성을 이해하는데 도움이 된다. 오리나는 좋은 집안에서 부족한 것 없이 자란 듯 보이지만, 양극성 장애를 앓으며 극심한 감정 기복을 겪고 있다. 그녀는 평생 엄마의 과보호 속에서 자랐고, 자신의 욕구보다는 엄마가 원하는 삶을 살아왔다. 심지어 결혼도 자신의 의지와 상관없이 엄마가 원하는 조건 좋은 판사와 했다. 극 중 오리나의 엄마는 고급 포도를 좋아하라고 강요하고 계속해서 먹이려고 한다. 이는 과보호적 양육 Overprotective Parenting의 전형적인 사례로 과보호적인 부모 밑에서 자란 아이는 스스로 선택하고 결정하는 힘이 부족하다. 그래서 자신의 취향, 욕구, 감정을 인식하는 능력이 약해지고, 자기 정체성의 혼란을 겪는다.

"나 마흔세 살이야. 근데 혼자 커피도 한 잔 못 시켜. 내가 먹고 싶은 게 뭔지를 모르겠어서. 그까짓 거 하나 못하는 바보가 돼 버렸다고."

오리나처럼 어릴 때부터 스스로 선택해 본 적이 없으면 의존적 성격을 형성할 가능성이 크고, 우울과 불안을 경험할 확률을 증가시킨다. 오리나가 겪고 있는 양극성 장애 Bipolar Disorder는 우울과 조증으로 구분할 수 있다. 오리나는 에너지가 넘치고 자신감이 상승

하며 충동적인 행동이 증가하는 조증 상태에서 가장 나답고 자유롭다고 느꼈다. 이는 그녀가 평소 감정을 억누르고 살아왔다는 점을 시사한다. 어릴 때부터 부모의 기대에 맞춰 살다 보면, 자신의 감정과 욕망을 표현하는 것이 두렵고 금지된 것으로 인식될 수 있다. 그러나 조증 상태에서는 억압이 해방되면서 그동안 느끼지 못했던 진정한 자아를 경험하게 되는 것이다. 오리나는 부유한 환경에서 자랐지만, 심리적 결핍은 컸다. 부모가 원하는 대로 살아왔기에 스스로 원하는 것이 무엇인지조차 모르게 되었고, 자기 자신을 잃어버렸다.

그녀에게 필요한 것은 약물 치료와 함께 자기 자신을 찾는 과정, 자신의 감정을 솔직하게 받아들이는 연습이 필요하다. 진정한 자기 행복을 찾기 위해서는 누군가를 위해 좋아해야 하는 것이 아닌, 내가 진짜 좋아하는 것을 찾는 과정이 선행되어야 한다. 사소한 선택부터 시작해 보면서 오늘 먹고 싶은 음식, 입고 싶은 옷을 스스로 선택하는 연습을 해 보면 좋다.

"나는 뭘 좋아하지?"

스스로에게 질문하면서 감정일기를 써 보거나 내게 편안한 공간이나 활동을 찾아보는 것도 도움이 된다. 또한 결과가 좋든 나쁘든 내 선택이라는 것을 받아들이고 내 결정에 책임지는 연습을 한다. 만약 혼자 시작하는 것이 어렵다면 전문가의 도움으로 자율성을 방해한 과거의 양육 경험을 탐색하고, 건강한 자기표현을 배울 수 있는 상담이나 치료적 개입을 하는 것도 도움이 된다.

　누군가의 말에 따라 사는 삶은 편할지 몰라도 그 끝에는 늘 공허함이 남는다. 스스로 결정하고 책임지는 삶은 때로는 불안하고 무섭지만, 진정한 자율성은 바로 그 두려움을 견디는 연습에서 비롯된다. 내 삶의 리모컨을 다시 손에 쥐는 일은 오늘의 작은 선택에서 시작된다. 내가 나를 선택하는 순간, 우리는 더 이상 타인의 감정과 판단에 끌려다니지 않고, 스스로의 감정과 욕구를 존중하는 삶을 살아갈 수 있다. 자율성은 결국 '나'로 살아가기 위한 가장 근본적인 힘이다.

인간의
두 번째 지문

인간은 자신도 모르게 자신을 드러낸다. 말투, 표정, 습관, 손의 위치, 걷는 방식까지 다양한 비언어를 통해 표현하고 있다. 그중에서도 걸음걸이는 가장 오랜 시간 몸이 기억해 온 무의식의 표현이다. 우리는 말보다 먼저 몸으로 말한다. 특히 걸음걸이는 기질과 감정, 자아상의 투사가 담긴 비언어적 신호다. 지문이 타고나는 것이라면 걸음걸이는 살아온 삶이 새겨진 두 번째 지문이라 할 수 있다. 누구에게 배운 것도 아닌데 우리는 어느 순간부터 그렇게 걷는다. 어떤 사람은 무게중심이 앞쪽으로 쏠려 바쁘게 걷고, 어떤 사람은 뒤꿈치를 끌듯 느리게 걷는다. 어떤 이는 바르게 걷지만, 어떤 이는 한쪽으로 기울어진 채 걷는다. 이 걸음걸이는 단순한 이동의 기술이 아니라 삶의 패턴과 내면의 에너지를 품고 있는 흔적이다.

나는 강의 중에 범죄 수사 프로그램이나 뉴스에 나온 CCTV 영상을 보여 주며 수강생들과 함께 분석하고 얘기를 나눈다.

"범인은 누굴까요?"

"이 범인, 왜 저렇게 걷고 있을까요?"

대부분 수강생은 처음엔 단서를 보지 못하지만, 반복해서 보다 보면 알게 된다. 특정한 걸음걸이에는 특정한 성향과 리듬이 있다는 것을 느낄 수 있다. 이처럼 우리의 몸은 자신을 감출 줄 모르고 행동은 거짓말을 하지 않는다.

스무 살 민지 씨는 어릴 때부터 모델을 꿈꿨다. 또래보다 키가 월등히 컸고, 비율이 좋다는 칭찬도 자주 들었다. 꿈꾸는 일을 할 수 있는 신체를 타고난 것도 굉장한 복이었다. 민지 씨는 고등학생이 되고 모델 학원에 다니기 시작했다. 처음엔 포즈나 표정이 어렵다고 느꼈지만, 가장 버거웠던 건 워킹이었다.

"걸음걸이 하나로 사람이 다르게 보인대요. 그래서 연습도 가장 많이 했어요."

민지 씨는 잠자는 시간을 빼고는 대부분 시간을 거울 앞에서 걷는 연습을 하며 보냈다. 학원 선생님은 민지에게 "네가 원하는 워킹이 나오려면 자다가 일어나서도 그렇게 걸을 수 있을 정도로 체화되어야 해"라고 말씀하셨다. 민지 씨는 누구보다 모델이라는 꿈에 진심이었다. 그래서 자고 일어나면 바로 워킹 연습을 했고, 교정기를 착용하고 심지어 발가락 사이에 틀을 끼우고 잠을 자기도 했다. 그런데 자고 일어난 직후의 민지 씨 걸음은 여전히 평소 민지 씨의 걸음걸이였다. 약간 앞쪽으로 쏠리며, 무릎이 굽고, 오른발이 바깥쪽으로 틀어지는 습관은 고쳐지지 않았다.

"제대로 걷지 못하는 제 모습이 너무 싫었어요. 좀 나아졌나 싶으면 또다시 원래대로 돌아오고 계속 반복이었어요. 발톱이 두 번 빠졌고, 무릎 통증도 생겼어요. 결국 그걸 바꾸지 못했고 통증만 남긴 채 모델의 꿈을 포기했어요."

DISC 행동유형검사는 사람의 성향을 주도형Dominance, 사교형Influence, 안정형Steadiness, 신중형Compliance 네 가지로 나누어 설명한다. 각 유형은 특정한 사고방식과 행동 경향, 에너지 사용 방식에 따른 특성을 보인다. 이 검사는 기질이 함축하고 있는 타고난 경향성과 행동 양식을 시각적으로 보여 주는 도구다. 그리고 흥미롭게도 이 네 가지 성향은 걷는 방식에서도 드러날 수 있다.

D형(주도형)은 빠른 걸음, 앞을 향해 전진하는 느낌, 어깨에 힘이 들어가 있다. I형(사교형)은 팔과 손이 유연하게 움직이며 걷고, 리듬이 가볍고 가속도가 있다. S형(안정형)은 균형감 있게 걷되 다소 느리며 조심스럽고 몸의 중심이 흔들리지 않는다. C형(신중형)은 발의 각도가 일정하고 무게중심이 정중앙에 있으며, 천천히 정확

하게 걷는다.

민지 씨는 워킹을 통해 자신을 D형처럼 보이게 만들고 싶어 했지만, 그녀의 기본 기질은 S형 또는 C형에 가까웠다. 본인의 기질과 다른 외형을 강제로 입으려 하자 심리적·신체적 충돌이 생긴 것이다. 심리학자 마츠모토David Matsumoto는 비언어적 행동이 개인의 기질적 특성과 밀접하게 연결되어 있다고 보았다. 실제로 내향적 기질을 가진 사람은 걸음의 보폭이 작고, 몸을 움츠리는 경향이 있다. 반면 외향적인 성향의 사람은 큰 보폭, 더 넓은 어깨 각도, 흔들림이 많은 움직임을 보인다.

걸음걸이는 개인의 심리적 상태나 자존감에도 반응하는 신체 언어다. 우울감이 짙을수록 사람들은 걸음 속도 저하, 걸음 강도 감소, 리듬의 불안정 등 몸의 움직임이 전반적으로 위축된다. 반면에 자존감이 높은 사람은 좀 더 리듬이 살아 있고 확신에 찬 보폭으로 걷는다. 이러한 현상은 학술적으로도 입증되었는데 일상생활 중 보행 데이터를 분석한 연구에서는 빠른 보행 빈도가 낮을수록 우울 증상이 높다는 상관관계가 밝혀졌다. 또한 감정과 정신병리 상태가 보행 패턴에 유의미한 영향을 미친다는 사실도 확인했다. 이는 걸음걸이가 생체 움직임 이상의 정서 상태가 공간을 통한 비언어적 표현으로 드러난다는 것을 보여 준다.

범죄심리학에서도 걸음걸이는 중요한 단서다. 네덜란드, 영국, 덴마크, 일본 등 여러 국가의 수사기관에서는 보행 분석Gait Analysis

을 통해 범인을 특정하기도 한다. 이는 걸음걸이가 사람마다 고유하다는 사실에 기반한다. 카메라로 포착된 피의자의 보행 패턴, 골반과 어깨의 움직임, 발의 각도 등을 분석하면 95% 이상의 식별 정확도를 보이기도 한다. 이처럼 걸음걸이는 개인의 무의식적 행동 흔적, 곧 두 번째 지문이 된다.

영국 노섬브리아대학교와 협력한 연구에서는 CCTV 영상으로 촬영된 보행 패턴을 기반으로 딥러닝 AI를 활용해 사람을 식별했는데, 다양한 데이터셋에서 98% 이상의 인식률을 보였다. 이러한 기술은 범죄 현장 CCTV에서도 보행만으로 개인을 특정할 수 있다는 가능성을 보여 주며, 걸음걸이는 제2의 지문이라는 표현에 실질적 근거를 제공한다. 이런 점은 민지 씨의 이야기에 더욱 무게를 실어 준다. '나는 왜 걸음 하나 제대로 바꾸지 못할까?' 하는 질문은 단지 모델 워킹의 실패가 아니다. 자아의 무의식적 저항과 싸우는 고통의 경험이었다.

그렇다면 기질은 교정할 수 있을까? 기질은 쉽게 바꿀 수 없다. 하지만 기질을 기반으로 한 행동 습관은 훈련을 통해 조정할 수 있다. 클로닝거의 기질 이론[TCI]에서도 말하듯 기질은 뇌의 생물학적 기반에서 비롯되며, 정서 반응성과 습관적 반응을 형성한다. 그러나 성격은 환경과 학습을 통해 점진적으로 변화할 수 있다. 마찬가지로 걷는 방식도 뇌에 깊이 각인된 자동화된 행동 패턴이지만, 충분한 의식적 반복을 통해 일부 수정될 수 있다. 중요한 건 자신의 기질을 무시한 교정은 한계가 있다는 점이다. 행동을 교정하는 과정에서 반복되는 실패 경험은 자기효능감을 떨어뜨리고, 우울과 무력감을 불러온다. 따라서 무조건 교정하기보다는 기질을 이해하고 고려하면서 조정하는 방식이 더 건강한 방향이다.

누구에게나 자신의 걸음이 있다. 그것은 살아온 방식의 흔적이다. 그 걸음을 바꾸고 싶어도 두 번째 지문을 바꾸기란 쉬운 일이 아니다. 그만큼 기질은 강력하다. DISC 유형은 우리에게 기질을 바꾸는 것이 중요한 것이 아니라 기질을 인식하고 받아들이며 조율하는 것이 성장의 핵심이라는 것을 알려 준다. 무언가가 내게 어려울 때, 그것은 의지의 문제가 아닌 기질의 흐름을 거슬러 가고 있기 때문일 수 있다. 그리고 그 흐름을 조율할 수 있는 방법을 찾아야 한다. 민지 씨는 결국 모델의 꿈을 포기했지만, 그 과정을 통해 한 가지는 알게 되었다고 했다.

"그걸 바꾸려고 애쓰던 시간이 나를 정말 힘들게 했지만, 그 걷는 방식이 그냥 나라는 걸 받아들이니까 오히려 편해졌어요. 통증도 사라졌고요."

우리는 모두 각자의 걸음으로 살아간다. 걸음 하나에도 삶의 무게, 자기표현의 억압, 내면의 서사가 담겨 있다. 나의 두 번째 지문 걸음걸이를 알고, 받아들이고, 때론 그것에 맞는 길을 찾는 일, 그것이 진짜 나답게 걷는 법이다.

chapter 5

햇빛을 향한 움직임 :
반응에서 선택으로

발등에
불타오르는 순간

누구나 한 번쯤 마감 앞에서 괴로워한 기억이 있을 것이다. 분명히 시간이 충분했는데, 막상 해야 할 일을 시작하지 못한 채 다른 일에 손을 대거나 엉뚱한 걱정에 사로잡힌다. 초조한 마음은 점점 커지고, 결국엔 벼락치기처럼 일을 끝내거나 아예 포기하고 만다. 우리는 흔히 미루는 습관이나 의지 부족의 문제로 말하지만, 정작 그 안에는 말로 설명하기 어려운 복잡한 감정의 실타래가 엉켜 있다.

어떤 사람은 일을 시작하려는 순간 불쑥 불안이 밀려오고, 어떤 사람은 완벽하게 해 내야 한다는 압박감에 주저앉는다. 이들은 지금 하지 않으면 더 힘들어진다는 것을 알면서도 몸이 움직이지 않는다. 시간을 미루는 그 이면에는 감정을 피하려는 무의식이 있다. 해야 할 일을 미루는 것이 아니라 그 일을 할 때 마주쳐야 하는 자기 감정 불안, 수치심, 무력감을 회피하고 있는지도 모른다.

게으르다는 평가는 흔히 행동의 부족이나 의지력 결핍으로 여겨지지만, 심리학에서는 게으름을 감정과 동기 조절의 문제로 본다. 일이나 책임을 미루는 행위는 그 일을 할 때 느껴지는 불쾌한 감정을 피하고 싶은 욕구 때문이다. 심리학자 팀 피킬[Tim Pychyl]과 시로이스[Sirois]는 미루는 행동은 시간 관리의 실패가 아니라 감정 조절의 실패라고 설명했다. 어떤 과제를 앞에 두었을 때 불안, 스트레스, 자책감, 두려움 같은 부정적 감정을 유발하면 사람은 본능적으로 그 일을 미루게 된다.

뇌과학적으로 미루는 행동은 전두엽과 변연계의 갈등으로 설명할 수 있다. 자기 조절 능력을 담당하는 핵심 뇌 전두엽은 감정 조절, 충동 억제, 계획 수립, 목표 설정 등의 인지 기능을 담당하는 영역인데, 변연계는 감정적 반응과 본능적이고 즉각적인 쾌락 추구를 관장한다. 미루는 행동은 이 둘 중 변연계가 전두엽보다 우위에 있을 때 발생한다. 즉 감정적인 불쾌함을 회피하려는 충동이 이성적인 계획 능력을 덮어 버리는 것이다. 이렇게 변연계가 강하게 작용하면 '지금 하기 싫은데, 잠깐 영상 보고 시작할까?' 이런 생각이 떠오른다. 이렇게 되면 우리 뇌는 즉각적인 보상을 우선으로 선택하려는 성향이 있어서 미루게 될 확률이 높다. 이런 뇌 반응은 특히 기질적으로 감각이 예민하거나 불안을 잘 느끼는 사람들에게서 더 두드러진다.

대학원생 민영 씨는 중요한 논문 제출 마감이 다가오는데도 원고를 시작도 못한 채 책상 정리와 방 청소만 하면서 시간을 보내고 있었다.

"해야 하는 건 알겠는데요. 컴퓨터 앞에만 앉으면 답답하고 불안해져요. 괜히 SNS를 보거나 갑자기 책상 정리하고 방 청소를 시작하게 돼요. 저희 엄마가 방이 깨끗해진 거 보니 뭔가 해야 하는데 또 안 하고 미루고 있는 거냐고 말씀하실 정도예요."

언뜻 보면 집중력 부족이나 게으름처럼 보일 수 있지만, 그 이면에는 논문을 쓰는 동안 마주쳐야 하는 자기 검열, 부족함에 대한 두려움이라는 불안이 도사리고 있다. 민영 씨처럼 해야 할 일을 미룬다는 것은 시간 관리 실패나 의지력 부족만으로 설명되기 어렵다. 어떤 사람은 마감이 다가올수록 집중력이 높아지고 오히려 몰입을 즐기는데, 또 어떤 사람은 불안이 증폭되어 사소한 일에 집착하거나 아무것도 하지 못하는 상태에 빠지기도 한다. 이 차이는 기질의 차이에서도 비롯된다. 타고난 정서 반응성, 감각 민감도, 에너지 수준, 환경 변화에 대한 적응 방식 등 기질은 우리가 스트레스를 대하는 기본적인 태도와 반응을 결정짓는 바탕이 된다.

불안 자극에 예민한 기질을 지닌 사람은 해야 하는 일 자체보다 그 일을 둘러싼 감정에 더 압도되기 쉽다. 이들은 실수에 대한 두려움, 완벽해야 한다는 압박, 평가받는 상황에서의 긴장감 때문에 행동에 쉽게 옮기지 못한다. 반면 자극추구 성향이 높은 사람은 마감 직전의 스릴과 집중을 통해 오히려 효율적으로 성과를 낼 수도 있다. 우리가 일이나 과제를 미루는 방식에도 타고난 기질이 개입하고 있다.

"제 친구는 촉박한 일정 속에서도 신기하게 제시간에 과제를 끝내고 마감을 잘 맞춰요. 저는 매번 제발 일찍 끝내자 다짐하면서도 이번에도 마감 직전에서야 허겁지겁 작업을 마쳤어요. 심지어 마감일을 넘기고 난 후에도 저에게 실망하거나 자책하면서 다시는 이러지 않겠다고 결심하는데요. 그 결심이 오래가지 못하고 다음 과제 앞에서 또다시 무력해져요. 저는 왜 이렇게 미루고 게으르고 의지도 없을까요?"

민영 씨처럼 반복되는 시간 미루기와 감정 회피의 패턴은 개인의 기질적 특성, 감정 처리 방식 그리고 심리적 회피 전략이 복합적으로 얽혀 있다. 심리학자들은 이런 행동 이면에 있는 감정과 동기를 이해함으로써 그 사람이 왜 마감을 지키지 못하고 자꾸 일을 미루게 되는지를 더 깊이 들여다본다.

"23시 59분이 과제 제출 마감이었는데, 23시 58분에 제출했더니 완전 스릴 있고 재밌었어요. 쾌감이 느껴지던데요."

"그런 얘기 듣기만 해도 가슴이 쿵쾅거려요. 저는 분명 일찍 시작하는데 마감을 못하고 계속 붙잡고 있어요. 저도 결국은 시작만 빨랐지, 중간에 계속 미루는 거죠."

"저는 마감 3시간 전인데, 갑자기 냉장고 정리를 시작할 때도 있어요."

"저는 계속 생각은 하면서도 미루고 미루다 발등에 불이 떨어져야 시작해요."

"저는 발등에 불이 떨어져도 안 하고 또 미뤄요. 발등에 불이 타올라야 겨우 시작한다니까요. 그래서 남편이 저보고 발등에 불타는 여자라고 해요. 왜 매번 그런 식이냐고요. 항상 미리미리 하는 남편이 보기엔 제가 얼마나 한심해 보일까요?"

민영 씨의 얘기를 들은 수강생들이 서로 누가 더 많이 미루는지 경쟁이라도 하듯 여기저기서 자신의 경험담을 얘기했다. 특히 출판사 편집자로 일하며 글을 쓰고 기획서 만드는 업무를 맡고 있는 혜정 씨는 민영 씨 이야기에 공감한다며 말했다.

"저도 그래요. 저는 기획하는 건 빨라요. 그런데 유독 마감 기한 앞에서는 매번 버거워해요. 아이디어를 떠올리는 데는 능숙한데 그걸 문장으로 옮기는 일이 고역처럼 느껴져요. 결국 마감 하루 전날 밤이나 당일 아침에야 집중이 되고 손이 움직여져요. 결과물이 나쁘지 않지만, 늘 시간이 부족해서 더 좋은 방향으로 다듬을 수 없었다는 아쉬움이 남아요. 저도 다음엔 그러지 말아야지 하는데 계속 반복되더라고요."

민영 씨와 혜정 씨의 경우는 회피형 완벽주의에 속한다. 이런 유형은 내면적으로 높은 기준을 가지고 있고 그 기준에 못 미칠까 봐 아예 시작을 늦추는 경향이 있다. 마감을 미루는 행동은 실패의 가능성, 비난의 감정, 자기 실망 같은 불편한 감정을 피하기 위한 무의식적 전략인 셈이다. 게다가 혜정 씨의 기질은 우울-내향 성향이 강해서 새로운 일을 시작하기까지 감정적 에너지를 많이 소모한다. 평소에도 정서적으로 민감하고, 타인의 평가에 예민하게 반응한다. 이런 기질을 가진 사람은 일을 앞두고 스스로를 과도하게 압박하거나 작은 실수도 크게 받아들여 부담감을 키우기 쉽다.

완벽주의를 다차원적으로 설명한 프로스트^{Frost} 박사의 연구에서는 실수에 대한 과도한 걱정과 자기 행동에 대한 의심이 높은 사람일수록 과제를 미루는 경향이 있다는 것이 밝혀졌다. 이는 마감 직전의 감정적 불안, 실패에 대한 두려움, 자신에 대한 의심, 완벽해야 한다는 압박감이 일을 시작하는 것을 막는 정서적 회피 메커니즘으로 작용할 수 있음을 의미한다.

이런 기질과 감정 회피 경향은 미루는 행동 연구에서 자주 다뤄지는 주제다. 미국의 심리학자 피어스 스틸$^{Piers Steel}$은 자기 통제력이 낮고 불안 수준이 높은 사람일수록 과제를 미루는 경향이 크다고 밝혔다. 또 일의 시작은 감정 조절이 크게 작용하는 영역이며, 자기효능감이 낮은 사람들은 일 자체보다 감정적 부담을 더 회피하게 된다고 보았다. 이 연구는 일을 미루는 사람들을 다그치기보다 그들이 실제로 느끼는 감정적 불편함, 자기 불신, 실패에 대한 두려움을 먼저 이해하고 접근하는 것이 중요하다는 사실을 알려 준다.

반복되는 미루기는 행동의 실패가 아니라 자신의 감정을 다루지 못한 채 피하려는 방식으로 형성된다. 우리는 일을 미루는 자신을 탓하며 '왜 또 이러지?'라고 자책하지만, 그 미룸의 뿌리에는 완벽하고 싶다는 욕망이 숨어 있다. 무언가를 시작하려 할 때, 처음부터 완벽한 결과를 내야 한다는 압박은 오히려 행동을 가로막는다. 이럴 때 필요한 건 완벽보다 완료다. 이것은 잘해야 한다는 강박에서 벗어나 끝내는 것의 중요성을 상기시켜 준다. 또한 목표를 작고 구체적인 단위로 쪼개는 것도 강력한 실천 전략이다. 하루 만에 보고서를 끝내는 것이 막막하다면, 오늘은 개요만 작성하기, 내일은 첫 문단 쓰기, 이렇게 부담을 덜어 주는 작은 단계를 설정해 보자. 이런 방식은 기질의 유형에 상관없이 누구에게나 실행력을 높여 준다. 특히 완벽주의 성향이 강한 사람일수록 작게 시작해 끝까지 가는 경험이 자신감과 자기효능감을 키우는 데 중요한 역할을 한다. 미루는 습관을 바꾸기 위해서는 아주 작은 완료 하나를 시작해 보는 것, 그것이면 충분하다.

나만 바라봐,
친밀감의 오해

　　　　인간은 누구나 이해받고 싶고 연결되고 싶은 욕구가 있다. 사회적 연결은 인간의 근본적인 욕구 중 하나로 사람들 간의 상호작용을 통해 형성된다. 마음이 통하는 대화, 말하지 않아도 전해지는 감정, 함께 있을 때 편안한 공기, 이런 관계는 마치 삶의 버팀목처럼 느껴진다. 그래서 더 애쓰고, 더 바라게 된다. 하지만 기대가 깊어질수록 때로는 실망도 커진다. 분명 가까운 사이라고 생각했는데 왜 내 마음을 몰라줄까. 왜 내가 원하는 방식으로 반응해주지 않을까.

　　우리는 흔히 친밀감을 나의 감정과 생각을 그대로 비추는 반사경처럼 생각한다. 내가 슬프면 함께 슬퍼하고, 내가 화나면 함께 분노해 주며, 굳이 말하지 않아도 마음을 알아주는 사람이 진정한 관계라고 믿는다. 그러나 이런 기대는 친밀함을 오해하게 만들고, 때론 관계를 왜곡시키기도 한다.

흥미로운 점은 사람들이 캘리그라피나 그림 수업처럼 부담 없이 즐기며, 성취감을 얻는 취미 중심의 활동은 친한 친구와 함께 즐기면서도 심리학이나 감정에 관한 강의에는 대부분 혼자 오거나 익명성을 선호한다는 것이다. 왜일까? 심리학 특히 감정이나 관계, 내면을 다루는 강의에서는 어느 정도 자기 노출을 하게 되는 순간이 있다. 감정, 상처, 약점 같은 민감한 주제를 다루면서 내면을 들킬지도 모른다는 불안이 생기고, 친한 사람과 함께 있을수록 오히려 '내가 너무 약해 보일까?', '이런 감정까지 보여 줘도 될까?' 하는 자기 검열이 강해진다.

그건 감정과 관계의 이중성 때문일지도 모른다. 감정은 본질적으로 나의 가장 내밀한 부분이고, 심리학은 그 감정의 구조와 원인을 마주 보게 만든다. 친한 친구와 감정을 나누는 건 위로가 되기도 하지만 비교와 눈치, 때로는 부끄러움이라는 부담을 유발할 수 있다. "너 그런 생각했어?", "나는 몰랐는데?" 하는 반응은 친밀한 관계 안에서도 무언의 평가로 느껴지기 쉽다. 친한 친구나 가족일수록 서로 기존에 갖고 있는 이미지와 역할이 있다. 심리학 강의에서 새로운 면모나 고민이 드러나면 그 관계의 기존 균형이 깨질 수 있다는 불안이 생긴다. "내가 생각한 너는 그런 사람이 아닌데?"라는 반응에 대한 두려움도 있다.

이렇게 심리학 강의를 함께 듣다가 서로에 대해 생각하지 못했던 면을 알게 되는 것 자체가 관계에 영향을 줄 수 있다. 때로는 더 가까워질 수 있지만, 감정적 거리감이나 위화감이 생길 수도 있어서 사람들이 무의식적으로 꺼리는 편이다. 또 여전히 일부 사람들은 심리학을 배우는 것은 어딘가 문제가 있어서 배우는 것으로 생각하는 경향이 있다. 그래서 우리가 친한데 같이 가면 관계에 문제가 있는 것처럼 보일까 봐 외부 시선이나 오해를 신경 쓰기도 한다.

반면 그림이나 글씨 수업은 감정을 표현하되 해석되거나 분석되지 않는다. 표현의 자유는 있지만 노출의 위험은 적은 것이다. 그래서 심리학 강의는 혼자 듣거나 관계적 거리감이 있는 사람과 듣는 게 더 편하다고 느끼는 경우가 많다. 가끔은 낯선 사람과 함께 있어야 오히려 자유롭게 자기 자신을 탐색할 수 있기 때문이다. 어쩌면 우리는 가장 친한 사람 앞에서조차 완전히 솔직해지기가 두려운 존재인지도 모른다. 그래서 마음을 배우는 강의일수록 혼자 조용히 나를 마주하고 싶은 게 아닐까.

그럼에도 심리학 강의에 함께 오는 부부, 예비부부, 연인, 부모-자녀, 친구 수강생들을 보면 관계 안에서 더 깊이 이해하고자 하는 용기, 함께 성장하려는 의지가 느껴진다. 감정을 드러낸다는 것은 나약하지 않고 관계를 더 단단하게 만드는 힘이 될 수 있다는 사실을 이들은 몸소 보여 준다.

혜윤 씨와 수진 씨는 17년 지기 친구다. 초등학교 시절부터 매일 같이 붙어 다녔고, 서로의 가족사와 연애사, 실패와 치욕까지 공유한 사이였다. 누가 봐도 절친이라 불릴 만한 관계였고, 〈기질로 보는 심리학〉 강의도 함께 수강했다. 처음엔 두 사람 모두 강의 내용을 흥미로워하며 즐겁게 참여했다. 그러나 시간이 흐르면서 수진 씨의 혜윤 씨에 대한 집착과 통제 욕구가 서서히 드러났고, 혜윤 씨는 자신이 늘 조심스럽게 행동하게 된 이유를 되짚게 되었다.

"너 어제 민지랑 만났더라?"

"응, 오랜만에 같이 밥 먹었어."

"그걸 왜 나한테 말 안 했어? 너 요즘 나보다 민지랑 더 자주 만나는 것 같아."

"왜 자꾸 그래. 나도 다른 친구들 만나면 안 돼?"

수진 씨의 눈은 서운함과 질투로 가득 차 있었다. 혜윤 씨는 그럴 때마다 늘 똑같은 대답을 했다. 이 갈등은 사소한 질투로 보이지만 사실은 꽤 깊은 심리적 뿌리를 가지고 있다. 기질, 애착 유형 그리고 내적 작동 모델이 얽히면서 발생한 충돌이었다.

수진 씨는 어릴 적부터 한 사람과 깊게 친해지고 관계를 오래 유지하는 스타일이었다. 새로운 사람과 금세 친해지거나 겉도는 관계에 큰 흥미가 없었다. 누군가 친구하자고 다가오면 일단 경계부터 하는 편이었다.

반면 혜윤 씨는 늘 사람들에게 둘러싸여 있었다. 누구에게든 잘 웃고, 유머 감각도 좋으며, 모임도 잘 만들었다. 그러나 겉으로는 다정해 보여도 정서적으로 너무 가까워지는 것을 피하는 듯한 태도가 있었다. 나중에 또 보자는 말을 자주 하지만 정말 다시 보는 일은 드물었다.

수진 씨는 그런 혜윤 씨에게 가벼운 사람이라며 핀잔을 줬고, 혜윤 씨는 수진 씨의 질투와 집착이 숨 막혔다. 수진 씨는 자신의 유일한 감정 안식처가 혜윤 씨라고 생각했기에 그녀가 다른 친구들을 만나거나 멀어짐이 곧 배신처럼 느껴졌다.

두 사람의 기질을 보면 낯선 사람에게 쉽게 다가가는 외향성 기질을 가진 혜윤 씨는 인간관계에 적극적이며 넓게 관계를 맺는다. 반면 신중한 접근성을 가진 수진 씨는 새 관계에 조심스럽고 한 사람에게 깊게 정서적 투자를 하고, 불안형 애착의 전형적인 특성을 보인다. 상대의 관심과 애정을 지속적으로 확인받고 싶어하고 거절에 과도하게 민감하다. 혜윤 씨는 회피형 애착에 가깝다. 감정적 거리를 두며, 지나친 정서적 친밀감을 부담스러워한다. 이 조합은 흔히 충돌하기 쉬운 '애착의 짝'이라고 부르는 조합이다.

애착 이론에 따르면 어머니를 포함한 주 양육자와의 관계를 통해 자신과 타인에 대한 표상, 내적 작동 모델Internal Working Model을 형성하게 된다. 어린 시절 형성된 내적 작동 모델은 개인이 타인과 맺는 관계 방식과 감정 조절 능력에 영향을 미친다. 안정적인 애착을 형성한 사람들은 타인과의 관계에서 신뢰와 안전감을 느끼지만, 불안정한 애착을 가진 사람들은 거절과 버림받음에 대한 두려움이 크며 극단적인 감정 반응을 보일 가능성이 크다. 애착 이론의 관점에서 보면 친밀한 관계에서 폭력은 순간적 감정 폭발이 아니라 어린 시절부터 형성된 내적 작동 모델이 성인이 된 후에도 반복되는 과정이다.

수진 씨는 '내가 사랑받기 위해서는 항상 곁에 있어야 해. 나를 떠나는 건 곧 나를 버리는 거야'라는 내적 작동 모델이 형성되었고, 혜윤 씨는 '사람은 결국 떠난다. 너무 가까워지면 오히려 다친다'라는 수진 씨와는 다른 내적 작동 모델이 형성되었다. 이 두 세계관은 충돌할 수밖에 없다.

발달심리학자 에인스워스Mary Ainsworth의 낯선 상황 실험은 영아의 애착 유형을 측정하기 위한 대표적 도구다. 어머니가 방을 떠났을 때 아이의 반응은 애착 유형에 따라 다르다. 불안형 애착을 지닌 아이는 엄마가 나가자 심하게 불안해하며, 돌아와도 쉽게 안정되지 않는다.

이는 성인 관계에서도 반복된다. 수진 씨의 반응과 유사하다. 사회심리학자 셰이버Shaver와 미쿨린서Mikulincer는 성인의 애착 유형이 스트레스 상황에서 어떻게 대인 관계 행동에 영향을 미치는지를 연구했다. 수진 씨처럼 불안형 애착을 지닌 사람은 스트레스를 경험할 때 상대에게 집착하며 과도한 확인을 요구하는 경향이 있었다. 반면 혜윤 씨처럼 회피형 애착자는 갈등이나 스트레스 상황에서 회피하고 단절하려는 반응을 보였다.

그러나 성인의 애착 유형은 비교적 안정적인 경향을 보이고, 특정 인간관계에서는 유동적으로 나타날 수 있다. 이는 수진과 혜윤이 각자의 패턴은 가지고 있지만, 관계 속에서 변화할 가능성도 있다는 점을 시사한다.

수진 씨와 혜윤 씨의 갈등은 단순한 성격 차이에서 오는 문제가 아니다. 기질, 애착, 내적 작동 모델이라는 심리적 프로그래밍이 맞물려 생기는 반복적 갈등이다. 그리고 이런 갈등은 둘의 관계만이 아니라 각자 다른 인간관계에서도 되풀이된다. 수진 씨는 새로운 사람과의 관계에서도 늘 내가 얼마나 중요한 사람인가를 확인받고 싶어한다. 혜윤 씨는 누군가 너무 가까이 다가오면 알 수 없는 피로감을 느끼고 거리를 둔다. 이런 패턴은 자주 반복되며 자신도 모르게 관계를 피로하게 만든다.

강의에서 다룬 기질 차이와 감정 반응의 패턴을 통해 두 사람은 오랜 시간 반복되던 갈등의 핵심이 오해가 아닌 서로 다른 욕구와 불안의 표현이었음을 깨닫게 되었다. 그렇게 두 사람은 절친이라는 관계 안에서도 충분히 낯설 수 있고, 그 낯섦을 마주하고 풀어가는 과정이 필요하다는 사실을 배워 나갔다.

우리는 모두 각자의 심리적 지도를 들고 세상을 걷는다. 그 지도는 우리의 기질, 애착 경험 그리고 내적 작동 모델이 함께 그려 낸 것이다. 수진 씨는 혜윤 씨가 자신을 덜 사랑한다고 느끼지만, 사실 혜윤 씨는 다른 방식으로 관계를 맺고 있는 것일 수도 있다. 그리고 혜윤 씨 역시 수진 씨의 집착을 부담스러워하지만, 그것이 버거운 삶의 짐이라기보다 누군가의 간절한 애정 표현일 수도 있다는 걸 이해한다면 조금은 다르게 반응할 수 있을 것이다. 이해는 선택을 만든다. 나를 이해하고 너를 이해할 수 있을 때, 우리는 관계 안에서 조금 더 자유로워질 수 있다.

실수로 드러나는
기질

지갑을 잃어버리고, 메일을 잘못 보내고, 중요한 문서를 빠뜨린 채 인쇄하고... 늘 정신없는 하루를 보내고 나서야 "내가 또 왜 이랬지?"라며 한숨을 쉬는 사람들이 있다. 노력하지 않은 것도 아니고 게으른 것도 아니다. 하지만 일상의 작은 구멍들은 꼭 그 사람을 피해 가지 않는다. 칠칠찮다거나 정신이 없다는 말을 자주 듣고, 매번 신경을 써 보지만 여전히 무언가 빠뜨리고, 다시 확인해도 실수는 먼저 도착한다. 그러나 덤벙거림은 단순한 실수의 문제가 아니다. 이것 역시 기질을 이해할 필요가 있다.

우리 사회는 타인의 실수를 잘 용납하지 않는다. 늘 꼼꼼하고, 정확하고, 실수 없는 사람을 이상적인 성인으로 여긴다. 그래서 무언가를 자주 빠뜨리거나 실수가 잦은 사람은 성숙하지 않거나 무책임하다는 평가를 받기 쉽다. 우리는 왜 반복적으로 같은 실수를 할까?

인지심리학에서는 주의 자원Attentional Resources 이론을 통해 설명한다. 사람의 주의는 무한하지 않다. 감정, 스트레스, 피로, 환경적 요인에 따라 주의의 양과 배분 방식이 달라진다. 실수가 잦은 사람 중에서는 정보처리 속도는 빠르지만 검토와 점검에 자원을 적게 쓰는 경향이 있다. 이것은 뇌의 집행 기능 특히 작업 기억 용량과도 깊은 관련이 있다. 덤벙거림은 성격뿐 아니라 인지 구조의 전략적 편향일 수 있다.

또 하나 중요한 요소는 감각 처리 민감성Sensory Processing Sensitivity이다. 임상심리학자 일레인 아론Elaine Aron은 감각에 민감한 사람일수록 주변 자극에 쉽게 압도되고, 디테일을 놓치거나 과잉 반응을 보일 수 있다고 설명했다. 실수를 자주 한다는 것은 자극을 통합하고 처리하는 속도가 과잉 혹은 과소한 상태일 수 있음을 시사한다.

수희 씨는 명리학을 오랜 시간 연구하고 강의해 온 사람이다. 〈기질로 보는 심리학〉 강의를 신청한 것도 명리학과 기질 심리학 사이의 접점을 스스로 확인해 보고 싶어서였다. 사람의 타고난 성향을 설명하는 두 관점은 비슷한 점이 많았고, 차이도 흥미롭다고 했다. 하지만 무엇보다 수희 씨가 놀란 건 자신이 강의 중 자주 듣던 '기질'이라는 단어가 자기 자신을 객관적으로 비추고 있다는 사실이었다.

그녀는 자칭 '프로 덤벙러'였다. 어린 시절부터 손에 든 걸 놓치고, 말보다 발이 먼저 움직이고, 정신없이 움직이다 여기저기 부딪히고 물건을 깨고 부수는 일이 많았다. 아무리 나이가 들고, 강사로서 단정함을 갖추려고 노력해도 그런 성향은 쉽게 고쳐지지 않았다.

"저를 잘 모르는 사람들은 이제 나이가 들어가는 거라고 말씀하시는데 저는 어릴 때부터 그랬어요. 학교 다닐 때도 놓고 온 준비물이 많아서 집을 몇 번이나 다시 들어갔다 나왔다 했는지 몰라요. '다녀오겠습니다' 인사만 서너 번 하는 건 기본이었어요. 오죽하면 저희 부모님께서 집안 살림 다 갖고 학교 앞에서 기다려야겠다는 말씀을 하실 정도였어요. 보는 사람이 정신없고 불안하니 좀 차분해지라는 말을 평생 듣는 것 같아요. 최근에는 이런 일도 있었어요. 강의를 마치고 교육기관에 교통비 영수증을 보내야 했는데, 메일 제목을 '교통비 영수증 첨부합니다'라고 보내야 할 것을, '고통비 영수증 첨부합니다'라고 써서 발송한 거예요. 뒤늦게 실수한 걸 알고 발송 취소하려고 했더니 이미 담당자가 메일을 확인했더라고요. 얼굴이 화끈 달아오르고, 너무 민망했어요. 하... 저 스스로에게 너 때문에 정말 고통스럽다고 혼잣말하면서 또 자책했죠."

수희 씨는 진지하게 말했지만 '교통비'가 한순간에 '고통비'가 되어 버린 실수담에 다른 수강생들은 웃음을 참지 못했다.

"웃어도 될지 모르겠지만 재밌는 실수 같아요."

"물론 한 끗 차이로 뜻은 너무 달라졌지만, 교육 담당자도 다 이해하셨으니까 넘어가셨겠죠. 그리고 실수 안 하는 사람은 어디에도 없어요. 실수하는 종류가 다를 뿐이죠. 저는 사람 이름을 기억 못해요. 맨날 사람들한테 새로운 이름을 만들어 주는 수준이에요."

"수희 님 보면 에너지 넘치고 밝은 에너지가 느껴지잖아요. 장점이 있는 것처럼 꼼꼼함이나 신중함은 조금 약할 수도 있죠. 우리 이 수업에서 모든 사람이 다 그렇다고 배우고 있잖아요. 너무 자책하지 마세요."

수강생들의 위로와 공감에 마음이 한결 편안해진 수희 씨가 자신의 실수담을 추가로 꺼내 놓았다.

"수강 신청 공지에서 '수간 신청'이라고 오타가 나서 급하게 수정한 적도 있어요. 또 독서 모임 카톡 단체방에 질문 글이 올라와서 '제가 할게요'라고 자신 있게 대답하고 잊었어요. 몇 시간 뒤에 '수희 님, 진행되셨을까요?'라는 메시지에 진땀이 나서 또 부랴부랴 처리하고요. 강의 제안이 들어와서 담당자와 통화를 하고 있었는데 갑자기 소리가 안 들리는 거예요. '여보세요? 왜 소리가 안 들리죠? 들리세요? 여보세요?' 열심히 혼자 소리쳤는데 제가 바로 옆에 커피포트에 물을 올려놓고 물 끓는 소리 때문에 안 들렸던 거예요. 진지하게 일 얘기를 할 때였는데 이게 무슨 민폐인가 싶었어요. 그런데 제가 덤벙거리는 걸 모르는 게 아니라 알고 창피함도 당해 보고 자책도 수없이 하는데도 불구하고 달라지지 않는 게 문제 같아요."

주의력 결핍과 잦은 실수 사이의 상관관계를 분석한 연구에서 반복적인 일상 과제를 부여한 후 참가자들의 실수 빈도와 회복 속도를 측정했다. 주의 전환이 빠르지만, 유지가 어려운 사람일수록 작업에서 오류가 많고 자신을 조절하는 능력이 부족했다. 이들은 자신의 실수에 더 민감하고 자책도 많았지만, 성향 자체는 쉽게 바뀌지 않았다.

인간은 누구나 자기 자신에 대한 기본적인 이미지, 즉 자기개념을 갖고 살아간다. 하지만 이 개념이 반복된 경험과 환경의 영향으로 왜곡될 경우, 왜곡된 이미지를 스스로 강화하려는 행동이 나타난다. 예를 들어 어린 시절부터 "왜 이렇게 덤벙대니", "정신 좀 차려!" 같은 말을 반복해서 들은 사람은 자신을 '실수 많은 사람', '허술한 사람'으로 정의하게 된다. 그리고 이 정의는 '나는 뭘 해도 빠뜨린다', '나는 매번 실수를 한다'는 식의 내면화된 자기 대사로 굳어진다. 이 자기 대사는 시간이 지날수록 무의식에 깊이 박혀 실제 상황에서도 실수를 예상하게 만들고, 그렇게 행동하게 만든다.

기질적으로 실수와 덤벙거림이 잦은 사람이라면 반복되는 행동 패턴 이면에 자리 잡은 왜곡된 자기 이미지에 주목할 필요가 있다. 실수하는 자신, 혼나거나 민망한 상황에 익숙한 자신이 사실은 오랫동안 익혀 온 정체성일 수 있고, 때로는 타인의 기대나 과거 경험에서 형성된 이미지일 수도 있다. 중요한 건 그러한 이미지가 현재의 나를 얼마나 규정짓고 있는지 그리고 그것이 나를 어떻게 반복되는 고통 속으로 되돌리고 있는지를 자각하는 것이다.

이러한 심리 기제는 자기 일관성 이론^{Self-Consistency Theory}으로 설명할 수 있다. 심리학자 스나이더^{C. R. Snyder}와 윌리엄 스완^{William Swann}은, 사람은 스스로 가진 신념과 이미지에 일관된 방식으로 행동하려는 경향이 있으며, 심지어 그 이미지가 부정적일지라도 이를 유지하려 한다고 보았다. 예를 들어 '나는 덤벙대는 사람'이라는 자기 인식이 굳어져 있으면, 그 사람은 무의식적으로 그 이미지에 부합하는 행동인 실수, 잊어버림, 서두름을 반복한다. 여기서 중요한 건 실수를 줄이기보다 오히려 그 실수를 통해 자신의 익숙한 자아를 계속해서 재확인하고 있다는 점이다. 수희 씨는 여전히 실수를 하지만, 예전처럼 자책은 많이 줄었다. 오히려 그런 모습도 자신의 일부라고 생각하게 되었다.

"명리학에선 이걸 사주의 특성으로 말하는데 이게 기질이라는 걸 알게 됐어요. 그리고 고쳐야 할 게 아니라 조절하고 이해해야 할 부분인 것 같아요. 이제 메일 보낼 땐, 한 번 더 큰소리로 읽어보고 확인해요. 영수증을 보낼 땐 '이건 교통비, 절대 고통비 아님!'이라고 혼자 말하다가 웃음이 터지기도 해요. 기질은 성격의 바닥이에요. 바닥은 쉽게 바뀌지 않지만, 그 위에 어떤 구조를 세울지는 내가 선택할 수 있다는 걸 알았어요."

수희 씨 말처럼 기질은 쉽게 변하지 않지만, 해석은 바꿀 수 있다. '나는 이런 사람'이라는 경직된 정의에서 벗어나 다양한 모습의 나를 인정할 수 있는 상태를 자기 인식의 유연화라고 한다. 완벽하게 고쳐야만 사랑받을 수 있다는 오래된 믿음에서 벗어날 때, 우리는 덤벙대는 자신에게도 따뜻한 시선을 보낼 수 있게 된다. 실수의 흔적이 당신의 이메일이나 메신저 대화창에 남아 있어도 그것이 당신의 인격을 결정짓는 낙인은 아니다. 그것은 당신이 여전히 배우고 있으며 자신을 알아가는 중이라는 증거다.

공적 자아의 시대,
걸어 다니는 스튜디오

　　　　인간은 모두 타인에게 인정받고 싶어한다. 사랑받고 싶은 마음, 특별해지고 싶은 욕망은 인간의 보편적이고 원초적인 감정이다. 이 감정이 사회적으로 건강하게 표현되면 관계를 맺는 힘이 되지만, 방향을 잃으면 과도한 자기 노출과 타인의 시선에 지나치게 의존하는 모습으로 드러나기도 한다. 자신을 드러내지 않으면 사라질 것 같은 불안, 관심을 받지 않으면 존재하지 않는 것처럼 느껴지는 공허함, 오늘날 우리가 사는 시대는 이런 감정에 기름을 붓는 환경을 만들어 냈다.

　　매일 전국으로 강의를 다니다 보니 자연스럽게 사람 구경을 많이 하게 된다. 폭염으로 뜨겁던 올해 8월, 강의를 위해 강릉에 방문했다. 한여름의 강릉역은 그야말로 사람의 바다였다. 플랫폼과 대합실에는 전국에서 몰려든 피서객들로 북적였다. 그런데 무언가 이상했다. 모두가 스마트폰을 들고 얼굴을 화면 쪽으로 향하고 있었고, 영상통화를 하는 듯한 장면이 사방에서 펼쳐졌다. 지나가는 사람을 봤더니 그들은 유튜버였다.

"여러분, 드디어 강릉역 도착했어요! 너무 더워요. 하지만 오늘 하늘 미쳤다고요!"

1인 미디어의 시대라더니 카메라를 든 채 땀을 뻘뻘 흘리면서도 한껏 들뜬 표정으로 실시간 방송을 이어 가고 있었다. 앞, 뒤, 옆 어디에도 촬영하지 않는 사람이 없었다. 오로지 자신만이 존재하는 공간인 듯 그들은 누구의 시선도 의식하지 않은 채 자신을 담아내는 데에만 몰두하고 있었다. 나는 혹시 카메라에 찍힐까 봐 그들 사이를 요리조리 피해 다니며 왜 이렇게까지 자신을 드러내고 있는지 의문을 떨칠 수 없었다.

며칠 뒤 또 다른 강의를 위해 춘천으로 향했다. 혼자 식당에 들어가 막국수를 주문하고 음식을 기다리고 있었다. 그때 옆 테이블에 앉은 또 다른 손님이 한 손에 삼각대를 들고, 다른 손엔 젓가락을 든 채 유튜브로 실시간 라이브 방송을 진행 중이었다.

"여러분, 지금 보이시죠? 이게 바로 춘천 로컬 맛집! 이 깻잎장아찌 향, 진짜 살아 있습니다."

주문한 막국수가 나와서 내가 젓가락을 들고 한 입 먹자, 그는 내 쪽을 힐끗 보더니 조용히 해 달라고 말했다. 조용히 먹고 있었는데도 이상하게 내가 사과해야 할 것 같은 분위기였다. 이 낯선 불편함은 어디서 오는 것일까?

이러한 경험은 디지털 시대의 변화나 1인 미디어의 확산으로 인한 영향으로 볼 수 있지만, 더 깊은 차원에서 인간의 내면에 자리한 관심 욕구, 즉 인정받고 싶은 본능적 기질을 들여다볼 필요가 있다. 심리학에서는 자아^{Self}를 범주적 자아$^{Categorical\ Self}$, 사적 자아$^{Private\ Self}$, 공적 자아$^{Public\ Self}$로 구분해 설명한다.

범주적 자아는 '나는 여자다', '나는 스무 살이다'처럼 성별·나이·직업 등 사회적 범주를 통해 자신을 인식하는 자아다. 이는 비교적 어린 시절에 형성되며 타인과의 구분을 통해 자아를 구축하는 첫 단계다. 사적 자아는 타인에게 공개되지 않은 개인적인 감정과 생각, 욕망을 포함한 내면의 자아다. 나 자신만 알고 있는 내적인 정체성으로 침묵 속의 자기 성찰이나 은밀한 감정 등이 여기에 속한다. 공적 자아는 타인의 시선을 의식하며 외부에 드러나는 자아다. 우리가 타인 앞에서 어떻게 보이고 싶은지, 어떤 평가를 받고 싶은지를 결정하는 자아 형태이며, 직장, 학교, SNS 같은 사회적 무대에서 활성화된다.

이 가운데 공적 자아는 인정욕구와 밀접한 관련이 있다. 심리학자 더글라스 켄릭$^{Douglas\ Kenrick}$은 '공적 자아는 사회적 평가에 민감하게 반응하며, 사회적 관계를 통해 자기 존재를 조율한다'고 설명했다. 즉 사람들이 SNS를 통해 지속적으로 자신을 드러내는 이유는 자기표현을 넘어서 타인의 인정을 통해 공적 자아를 강화하고 싶어 하는 심리적 욕구와 관련이 있다.

UCLA 연구팀은 13세에서 18세의 청소년을 대상으로 인스타그램에서 사진을 보여 주고 '좋아요' 수에 따른 뇌 활동을 측정했다. 그 결과 '좋아요'가 많은 자신의 사진을 보았을 때 뇌의 보상 회로의 핵심 영역으로 쾌락, 동기, 학습, 중독 등 다양한 행동과 감정 조절에 중요한 역할을 담당하는 복측 선조체$^{Nucleus\ Accumbens}$가 강하게 활성화되었으며, 동시에 행동 억제와 인지 통제 영역은 감소했다. 이는 사회적 보상이 감정적 충족과 연결되고 있다는 단적인 증거다. 또한 미국의 의사 셔먼^{Sherman}은 SNS에서 타인에게 '좋아요'를 누르는 행동 자체도 뇌 보상 회로를 활성화하며, 이는 받는 것에만 해당하지 않고 사회적 상호작용 자체가 보상이 될 수 있음을 보여 주었다.

외향성이나 사회적 민감성이 높은 기질을 가진 사람들은 SNS 피드백에 더 민감하게 반응하면서 공적 자아는 더욱 활성화된다. 실제로 자기표현 욕구가 높고 타인의 반응에 정서적으로 민감한 사람일수록 SNS 활동에서 더 큰 만족을 얻고 반복적으로 콘텐츠를 제작·공유하는 경향이 있다.

특히 공동 나르시시즘 성향이 있는 경우, 자신을 이타적이고 좋은 사람으로 보이기 위해 공익적 주제를 선택하더라도 궁극적으로는 타인의 주목이 목표인 경우가 많다. 이들은 '좋아요'와 피드백을 통해 자신이 고품질 콘텐츠라는 확신을 얻고 이를 통해 공적 자아를 강화한다.

현대 사회에서는 공적 자아가 점점 더 중심적인 자리를 차지하고 있다. SNS와 유튜브 같은 디지털 플랫폼은 사람들의 일상을 무대 위로 끌어올렸다. 자신을 표현하고, 타인에게 보여 주고, 더 많은 '좋아요'와 댓글을 받기 위한 활동들은 모두 공적 자아의 작동이다.

특히 관심받고 싶어 하는 욕구는 공적 자아의 가장 본질적인 특징 중 하나다. 관심에 대한 갈망은 인간이 타인과 연결되려는 본능적인 욕구이며, 자아의 건강한 발달 과정에서도 필수적인 요소다. 하지만 이 욕구가 과도해지면 공적 자아가 팽창하면서 사적 자아나 타인의 자율성을 침범할 수도 있다.

사회심리학자 로이 바우마이스터$^{\text{Roy Baumeister}}$는 인간이 타인의 관심과 인정 속에서 자신의 존재를 확인하는 경향을 보이고 있다고 말한다. 사회적 동물인 인간은 자신이 의미 있는 존재라는 것을 타인의 피드백을 통해 확인받고 싶어한다. 이러한 욕구가 건강한 방식으로 표현되면 자기표현이 되고, 과도하거나 조절되지 않으면 이른바 '관종'으로 낙인찍히기도 한다. 인간은 자신을 타인과 끊임없이 비교하며 정체성을 형성한다. 디지털 미디어 환경에서는 이런 비교가 실시간으로 이루어진다. 누가 더 재밌게 말하는지, 누가 더 맛있게 먹는지, 누가 더 '핫'한 장소에 가 있는지, 이 비교 속에서 더 큰 관심을 얻고 시선을 끌기 위해 자신을 과장하고 노출하게 된다. 하지만 이 과정에서 누군가는 점점 더 타인의 시선을 의식하게 되고, 다른 누군가는 그로 인해 침범당했다고 느낀다.

오늘도 많은 사람이 걸어 다니는 스튜디오처럼 살아간다. SNS에서 하루에도 수십 번 '좋아요'를 확인하고, 댓글 하나에 마음이 흔들리며, 관계를 기록하고 증명하기 위해 사진과 영상을 찍는다. 타인의 시선을 의식하며 자신의 모든 순간을 콘텐츠로 만들고, 인정받고자 스스로를 끊임없이 노출한다. 이 모든 행동은 자기표현뿐 아니라 공적 자아가 사회적 인정을 통해 자신을 확인하려는 심리적 노력이다.

진정한 나를 지키고 성장시키려면 사적 자아와의 균형을 회복해야 한다. 관심받고 싶은 것은 인간의 본성이며 욕구지만, 과도한 노출과 타인의 평가에 의존하는 공적 자아는 사적 자아의 균형을 깨뜨릴 수 있다. 중요한 것은 우리가 스스로를 드러내는 만큼 사적인 나를 돌볼 줄 아는 것이다.

우리는 모두 저마다의 렌즈를 들고 하루를 촬영하는 시대에 살고 있다. 길을 걷는 사람들, 식당에서 혼자 식사하는 이들조차 무대 위 배우처럼 빛나고 싶어한다. 그러나 무대 조명은 강하고, 그만큼 그림자도 짙다. 공적 자아라는 스튜디오 안에서 살고 있지만,

진짜 나를 잃지 않기 위해서는 조명이 꺼진 뒤의 나와도 대화할 줄 아는 성숙이 필요하다. 공적 자아는 무대 위에서 빛나지만, 무대 아래 존재하는 내면의 사적 자아를 잃지 않는 사람이야말로 정말 건강한 사람이다.

두드릴 것인가,
건널 것인가

사람들은 흔히 용기를 겁이 없는 상태라고 생각하지만, 진짜 용기란 두려움이 있음에도 불구하고 움직이는 상태를 말한다. 우리가 어떤 선택 앞에서 망설이거나 새로운 길을 앞두고 걱정이 커지는 이유는 실패에 대한 불안, 변화에 대한 공포 때문이다. 하지만 인생의 많은 순간은 그런 불확실성과 맞닿아 있고, 결국은 그 앞에서 행동할 수 있는지의 여부가 삶의 방향을 결정짓는다.

어떤 사람에게는 퇴사를 결심하는 것이, 누군가에게는 낯선 여행지를 향해 비행기 티켓을 끊는 것이, 또 다른 이에게는 아무것도 하지 않기로 선택하는 것이 가장 큰 용기일 수 있다. 철학자 폴 틸

리히Paul Tillich는 용기를 불확실성과 맞서는 태도라고 했다. 이 말은 두려움이 없는 상태를 말하는 것이 아니다. 오히려 두려움을 인식하면서도 그 너머로 나아가려는 태도를 의미한다. 누구에게나 불확실한 미래는 두렵고, 새로운 결정은 걱정을 동반한다. 하지만 그 두려움 때문에 머무르기만 한다면 우리는 계속 돌다리만 두드리다가 다리 자체가 사라지는 순간을 맞이할지도 모른다.

안정적인 회사를 그만두고 쉬는 중이었던 30대 초반 영선 씨는 그런 돌다리를 두드리는 중이었다. 몸은 쉬고 있었지만, 머리는 온통 걱정으로 가득했고 점점 불안이 높아질 때, 우연히 〈기질로 보는 심리학〉 강의를 알게 됐다. 그녀는 첫 시간부터 눈에 띄었다. 어떻게든 자신을 감추려고 선글라스와 마스크에 두건까지 쓰고 몸을 움츠리고 구석 자리에 앉았다. 오히려 그런 모습이 더 눈에 띈다는 건 몰랐던 것 같다. 자신의 얘기는 하지 않을 것 같았던 영선 씨가 조금씩 분위기에 익숙해지고 처음으로 입을 열었다.

"쉬는 동안 뭘 해야 할지 모르겠어요. 뭘 해도 시간을 낭비하는 건 아닐까, 마음이 불안해요. 동생이 캐나다에 살고 있어서 몇 달 쉬었다 가라는데 제가 결정을 못하고 있어요. 정말 다녀와도 괜찮을까요? 몇 개월이지만 다녀와서 다시 취업을 못하면 돈과 시간을 다 버린 게 되잖아요. 안 그래도 백수가 더 뒤처질까 봐 무서워요. 다녀와서도 지금이랑 똑같으면 어쩌죠? 그럼 더 불안하고 방황하게 될 것 같아요."

그녀의 이야기를 들은 수강생들은 '그냥 다녀와라', '쉬는 것도 삶의 일부다', '거기 다녀와서 꼭 뭐가 되어야 하는 건 아니다. 여행 가는 건데 뭘 그렇게 심각하게 생각하냐?', '분명 거기서도 얻는 게 있을 거다'라고 했지만, 그의 내면은 여전히 염려가 가득했다.

영선 씨처럼 위험회피 성향이 높은 사람들은 특히 손실 회피적 사고Loss Aversion에 강하게 반응한다. 이는 심리학자이자 경제학자인 대니얼 카너먼Daniel Kahneman과 아모스 트버스키Amos Tversky의 전망이론Prospect Theory에서 비롯된 개념으로 인간은 같은 크기의 이익보다 손실에 두 배 이상 더 민감하게 반응한다는 연구 결과에 기반한다. 예를 들어 5만 원을 버는 것보다 5만 원을 잃는 상황에서 느끼는 심리적 불쾌감이나 고통이 훨씬 크다는 의미다. 똑같은 액수임에도 불구하고 손실의 충격이 이익의 기쁨을 압도하는 것이다. 연구에 따르면 사람들은 손실로 인해 받는 심리적 타격이 이익의 약 2.5배에 달한다. 즉 1만 원을 잃을 때의 슬픔이 2만 5천 원을 얻을 때의 기쁨과 비슷하다는 뜻이다.

이러한 경향은 특히 불확실성이 큰 선택 앞에서 더욱 두드러진다. 무언가를 얻을 수도 있다는 가능성보다 무언가를 잃을지도 모른다는 가능성에 마음이 더 크게 흔들린다. 그래서 새로운 일을 시작하거나 낯선 환경에 뛰어들 때, 손익을 저울질하는 과정에서 잃을 수 있는 것들이 머릿속에서 부풀려지고, 이는 결과적으로 행동을 지연시키거나 포기하게 만든다. 나중에 후회할지도 모른다는 생각보다는 지금 당장 잃게 될 것 같은 불안감이 현실적으로 더 크게 느껴지기 때문이다.

외국에 몇 달 다녀오는 일로 고민하는 영선 씨의 사례에서도 이런 심리가 뚜렷하게 나타난다. 캐나다에 가서 즐길 수 있는 기회, 새로운 환경에서 자신을 탐색해 볼 기회보다는 그 시간 동안 '아무것도 안 하게 된다', '다녀오면 시간만 흐르고 얻는 게 없을 것 같다', '다녀와서도 취업을 못하면 손해다'라는 식의 손실들이 먼저 떠오른다. 위험회피 기질이 강할수록 행동보다 걱정이 앞서게 되는 이유다. 아무 일도 일어나지 않았는데 머릿속에서는 이미 최악의 시나리오들이 상영 중이다. 그리고 그 가상의 손실들은 실제보다 훨씬 더 크게 느껴진다.

위험회피 성향은 단순한 겁 많음이 아니다. 이는 기질적 특성, 즉 사람이 태어날 때부터 갖는 감정적 반응성, 불확실성에 대한 민감성, 정보처리 방식 등과 깊이 연결된다. 위험회피 성향이 높으면 새로운 자극에 대해 더 민감하게 반응하고, 의사결정 전에 더 많은 시뮬레이션을 수행한다. 영선 씨처럼 말이다.

손실 회피는 누구에게나 기본적으로 존재하는 심리지만 특히 불확실성을 견디기 어렵고 통제감을 중시하는 사람들에게는 일종의 감정적 브레이크로 작용한다. 하지만 안타까운 점은 이런 경향이 지속적으로 기회를 놓치게 만든다는 점이다. 새로운 일은 늘 불확실하고, 모든 변화에는 리스크가 따른다. 그래서 돌다리를 두드리고 건너는 것은 분명 신중한 태도지만, 계속 두드리기만 하고 결국 건너지 못하는 사람도 많다. 돌다리를 너무 오래 두드리다 보면 아무리 튼튼한 돌다리라도 시간이 지나면 물살에 잠기고, 무너져 내릴 수 있다. 기회가 사라지는 것이다. 그래서 용기란, 그 불안과 손실 가능성을 안고서라도 한 걸음을 내딛는 것이 아닐까.

그러나 주변에서 아무리 조언을 해 준다고 해도 최종 결정은 자신이 해야 한다. 마음이 움직이지 않는 일을 타인의 말을 듣고 결정하는 것도 도움이 될 수는 있지만, 결국 그 선택의 책임도 결과도 온전히 자신이 감당해야 하기 때문이다. 12주의 강의가 끝나던 날, 영선 씨는 조심스럽게 말했다.

"저, 캐나다 비행기 표 예매했어요. 사실 예매 버튼 누르기까지 노트북 앞에서 엄청 고민했거든요. 바보 같은 줄 알면서도 결정 내리고 바로바로 진행시키는 게 안 되는 거예요. 그래서 제 자신이 좀 답답하게 느껴지면서도 클릭해야 하는 손이 안 움직여졌어요. 그렇게 수많은 갈등을 지나고 나서야 예매 버튼을 클릭하고 또 고민하고 마음 바뀔까 봐 얼른 노트북을 끄고 나가서 걸었어요."

그 순간 수강생들이 환호하며 진심 어린 박수를 쳤다. 누구보다 그 선택이 영선 씨에게는 두려움 위의 용기였음을 알았기 때문이다. 한 수강생은 영선 씨에게 격려의 말을 전하면서 강의에 대한 후기를 남겼다.

"별거 아닐 수도 있지만 이렇게 한 사람 한 사람의 변화와 성장을 함께 지켜볼 수 있다는 점이 이 강의의 가장 큰 감동이자 계속 더 배우고 싶은 이유인 것 같아요. 누군가의 작은 용기가 또 다른 누군가에게 전해지고, 그렇게 서로가 서로에게 힘이 되어 주는 이 시간이 참 소중하게 느껴집니다."

그렇게 강의가 끝나고 몇 달 후 영선 씨가 이메일을 보내 왔다.

"안녕하세요. ○○에서 〈기질로 보는 심리학〉을 수강했던 신영선입니다. 저를 기억하실지 모르겠지만 제 이야기를 전해 드리고 싶어서 메일 보내드려요. 저는 아직 캐나다에 있습니다. 여기에서의 생활이 생각보다 좋아서 아직 한국에 돌아가지 않았어요. 캐나다에 도착하고 일주일 정도는 그냥 빨리 가서 취업 준비할까, 여기서 아르바이트라도 할까, 뭘 해야 하지? 생각하며 불안했는데요. 말씀해 주신 감정일기도 쓰고, 산책도 하면서 계속 저를 달래고 용기를 가지려고 노력했어요. 조금씩 안정을 찾아갈 때쯤 심리학 공부를 해 보고 싶다는 생각이 들었어요. 학부 전공은 다르지만 해 볼 수 있을 것 같아요. 사람이 쉽게 변하지는 않지만 노력하면 변화시킬 수 있는 부분들이 있고, 기질대로 제자리로 돌아가더라도 자각하고 다시 시도하면서 노력하면 할 수 있겠다는 생각이 들었어요. 여전히 못할 것 같다고 생각하는 겁쟁이 졸보인 건 변하지 않았어요. 그래도 그 반대의 힘 '해 보고 싶다', '해 볼 수 있겠다'는 마음도 커지는 중입니다. 선생님께서 강조하셨던 마음의 근육도 좀 더 키워 볼게요. 또 소식 전하겠습니다. 건강하시고, 제가 다시 한국에 가는 날까지 심리학 강의 꼭 이어 가 주세요."

그리고 시간이 흘러 해가 바뀌고 그녀에게 또 메일이 왔다. 캐나다에서 심리학과에 입학하고 공부를 시작했다는 소식이었다. 그렇게 두드리기만 했던 돌다리를 건넌 끝에는 새로운 세계가 기다리고 있었다. 기질은 쉽게 변하긴 힘들지만, 인지행동치료^{CBT}나 노출 훈련처럼 반복적으로 작은 선택을 훈련하면 점진적으로 새로운 도전에 대한 내성을 키울 수 있다. 이를 심리적 유연성이라고 한다. 임상심리학자 스티븐 헤이즈$^{Steven\ C.\ Hayes}$에 따르면 심리적 유연성이 높은 사람은 자신의 감정이나 생각에 끌려다니지 않고, 삶의 방향성을 기준으로 행동한다. 두려움이 있는 행동이라도 내가 원하는 삶에 더 가깝다면 시도하는 것, 그것이 바로 용기다. 과정은 힘겨웠지만, 용기 있게 자신의 길을 선택했던 영선 씨는 지금쯤 자신이 원하는 삶에 더 가깝게 살고 있을까. 문득 그녀의 안부가 궁금하다.

chapter 6

마음의 숲길 :
조화와 내면의 탐험

관계라는 합주,
성숙이라는 조율

우리는 "좀 성숙해져야지"라는 말을 듣거나 혹은 누군가에게 그렇게 말한다. 마치 '성숙'이라는 것이 일정 나이만 되면 자동으로 갖춰져야 하는 어떤 태도처럼 여겨지곤 한다. 하지만 성숙은 나이를 먹는다고 저절로 따라오는 것이 아니다. 어떤 사람은 사회적으로 성공했어도 감정적으로 미성숙하고, 또 어떤 사람은 조용히 제 몫을 다하면서 깊은 내면의 성숙을 보여 주기도 한다. 성숙은 고정된 상태라기보다 끊임없이 조율하고 선택해야 하는 과정에 가깝다. 특히 중요한 관계 앞에서는 그 사람과 잘 지내는 방법뿐 아니라 그 관계 안에서의 나를 잘 세우는 법도 함께 배워야 한다.

누군가에게 성숙하다는 건 책임감 있게 말하고 행동하는 것이고, 또 누군가에게는 독립적으로 자기 삶을 꾸려가는 것이다. 하지만 심리학에서는 이보다 좀 더 세밀하고 정교하게 성숙을 정의한다. 기질 및 성격 검사TCI에서는 성숙도를 자율성과 연대감의 균형으로 설명한다.

자율성은 스스로 삶을 책임지는 힘, 연대감은 타인과 건강한 관계를 맺는 능력이다. 이 두 가지가 균형 있게 발달해 있어야 심리적으로 성숙한 사람이라고 본다. 성숙이란, 타고난 기질을 조율하고 확장해 가는 과정에 가까운 셈이다.

20대 후반의 지민 씨는 동갑내기 남자친구와 결혼을 앞두고 있었다. 사귄 지는 오래됐고, 싸움도 거의 없었기에 당연히 잘 맞는다고 생각했다. 하지만 결혼 준비를 시작하자 생각보다 많은 부분에서 자신이 상대에 대해 모르는 게 많다는 사실을 깨닫기 시작했다. 그래서 예비 신랑과 함께 〈기질로 보는 심리학〉 강의를 수강했고, 자신들의 기질을 점검해 보게 되었다. 결과는 조금 놀라웠다. 두 사람 모두 외향적, 충동적, 무절제, 위험 감수 성향이 높은 반면, 자율성은 낮고 연대감은 높았다. 같은 결과지를 보고 지민 씨가 웃으며 질문했다.

"이런 기질이면 결혼하고 나서 누가 경제 관리를 하면 좋을까요?"
"기질 검사 결과는 삶의 일부 단서일 뿐이에요. 타고난 기질이 같아도 후천적으로 형성된 성격은 다를 수 있고, 지금까지의 행동 기록과 경험이 훨씬 중요하죠."

그러나 두 사람은 기질뿐 아니라 성격까지 비슷했고, 경제적 책임, 일정 관리, 계획 수립 같은 부분에서 모두 취약했다. 서로 비슷한 부분이 많은 만큼 공통된 부족함도 리스크로 다가올 수 있는 상태였다. 앞서 언급했던 대로 기질은 쉽게 바뀌지 않는다. 신경생물학적 기반을 가지고 있으며, 대개 아동기부터 일관성을 보인다. 그래서 기질은 성장 방향을 알려 주는 나침반이다.

심리학자 클로닝거는 성숙을 자율성과 연대감이 잘 발달한 상태라고 보았다. 자기 행동을 책임질 줄 알고, 타인을 해치지 않으며 조화롭게 살아가는 능력이다. 그리고 이 성숙도는 기질이 과하거나 부족한 영역을 인식하고 조절하는 능력과 직결된다. 지민 씨 커플처럼 충동성과 무절제가 높은 사람들은 의도적으로 계획 세우기, 기록하기, 지출 패턴 점검하기와 같은 루틴을 통해 자율성을 꾸준히 키워야 한다.

기질이 경직되지 않고 자율성과 연대감이 고루 발달해 있다면 서로의 강점과 약점을 보완하며 건강한 관계를 이어 갈 수 있다. 하지만 그렇지 않은 경우, 두 사람이 비슷한 성향으로 충동적이고 위험에 대한 감수성이 낮다면 삶의 중요한 결정 특히 경제 관리와 같은 영역에서는 혼란이 생기기 쉽다.

영국 속담에 'If two ride on a horse, one must sit behind.'라는 말이

있다. '둘이 한 마리 말에 타려면 한 명은 뒤에 앉아야 한다'는 뜻이다. 결혼 생활이나 파트너십에서도 마찬가지다. 같은 방향으로 가려면 역할 분담과 책임이 필요하다. 두 사람이 모두 앞으로만 달리려고만 한다면 말은 흔들리고, 결국 함께 가기 어렵다. 성숙도란 서로의 기질과 성격을 이해하고, 자율성과 연대감이라는 두 축을 조화롭게 세워 함께 앞으로 나아갈 수 있는 길을 만드는 것이다. 이 과정이야말로 진정한 성숙이자 성장의 핵심이라 할 수 있다.

지민 씨와 예비 신랑은 둘 다 외향적이고 충동적이며, 위험 감수 성향이 높은 기질을 가지고 있었다. 하지만 그런 겉모습과 행동 이면에는 저마다 내면의 여러 부분이 공존하고 있음을 깨닫는 것이 중요하다. 내적 가족 체계 이론Internal Family Systems, IFS은 우리 마음속에 여러 부분Parts이 존재한다고 본다. 내면의 깊은 상처, 과거의 트라우마나 고통스러운 기억을 담고 있는 내면 아이에 해당하는 추방자Exiles, 일상을 통제하려는 관리자Managers, 위기가 닥쳤을 때 즉각적으로 반응해 감정을 무디게 하거나 회피하게 만드는 소방수Firefighters가 있다. IFS에서는 우리 안의 각 부분이 고유한 목적이 있다고 본다. 추방자는 상처를 보호받고 싶어하고, 관리자는 위험을 예방하려 하고, 소방수는 고통을 빨리 없애고 싶어한다.

이들이 충돌하는 이유는 모두 나를 지키기 위한 방식이 다르기 때문이다. 성숙이란 이들을 억누르거나 없애는 게 아니라 자아가 중심을 잡고 이들의 목적을 이해하며 균형 있게 조율하는 것이다.

다시 말해 내면의 갈등을 피하지 않고 조율할 수 있는 능력이 성숙의 핵심이다. 이 부분들은 때로는 서로 충돌하고 때로는 협력하면서 우리의 생각, 감정, 행동을 만들어 낸다. 예를 들어 지민 씨 안에는 즐기고 싶은 나, 걱정하는 나, 신중한 나, 이렇게 각각 있을 수 있다. 서로 다른 목소리를 내지만 모두 지민 씨 자신을 이루는 소중한 부분들이다.

성숙도는 이런 내면의 다양한 부분들이 건강하게 인정받고 조화를 이루는 상태다. 자율성과 연대감 역시 마음속 여러 부분이 어떻게 균형을 이루느냐에 달려 있다. 지민 씨와 예비 신랑은 외향적이고 충동적인 기질 때문에 때로는 무절제하거나 계획 없이 행동하는 경향이 강했다. 하지만 내면의 신중한 부분이나 책임감을 느끼는 부분과 연결되어 그 목소리에 귀 기울일 때, 두 사람은 더 성숙한 의사결정을 할 수 있다. 이처럼 IFS 관점에서는 '나'라는 하나의 고정된 자아가 아니라 다양한 내면의 부분들이 서로를 존중하고 협력할 때 '진짜 나'가 성숙해진다고 본다.

"만약 내 안에 서로 다른 의견을 가진 가족들이 한집에 함께 살고 있다고 상상해 보세요. 서로 싸우기만 하면 집안은 엉망이 되지만, 각자의 역할과 목소리를 인정하고 조율한다면 더 행복하고 건강한 집이 되지 않을까요?"

지민 씨 부부가 강의와 상담을 통해 서로의 내면 '부분'을 이해하고 조율하는 법을 배우면서 자율성과 연대감이 자연스럽게 균형을 이루는 성숙한 관계로 나아가길 바랐다. 성숙은 완벽함에 도달하는 것이 아니라 스스로를 더 깊이 이해하고, 타인과의 관계 속에서 나를 조율해가는 과정이다. 지민 씨 커플처럼 비슷한 기질을 가진 두 사람이 함께 살아간다는 것은 두 사람이 함께 성장할 수 있는 기회를 공유한다는 뜻이기도 하다. 각자의 내면에 존재하는 다양한 목소리를 듣고 자율성과 연대감의 균형을 의식하며 살아간다면, 함께하지만 홀로 설 수 있는 성숙한 인간관계를 만들어 갈 수 있다. 삶이라는 길 위에서 말에 나란히 올라탄 두 사람이 흔들림 없이 함께 달리기 위해서는 서로의 리듬을 조율하는 성숙한 태도가 필요하다. 그것이야말로 관계를 오래 지속시키는 가장 단단한 힘이다.

　마치 하나의 멜로디를 만들기 위해 서로 다른 악기가 자신의 소리를 줄이고, 때론 키우는 것처럼 관계는 언제나 조율의 연속이고, 성숙은 그 조율을 포기하지 않는 태도다. 나와 너, 우리 사이의 거리를 탐색하는 과정에서 우리는 비로소 자기중심성에서 벗어나 타인의 관점을 이해하는 연습을 배우게 된다. 그렇게 관계 속에서 확장된 '나', 조율된 '우리'는 더 성숙한 삶을 향해 나아갈 수 있다.

내면의 비판자와
화해하기

　　　　인간은 대개 자신을 지키고, 보호하고, 잘 살기 위해
노력한다. 그러나 때로는 스스로에게 상처를 입히는 선택을 반복
하는 사람들이 있다. 누군가의 날카로운 말보다 더 아프게 자신을
깎아내리고, 좋은 기회 앞에서도 자격이 없다는 듯 등을 돌리며 행
복이 다가오면 괜히 불안을 키워 이를 밀어내기도 한다.
　이러한 자기파괴적 성향은 정신질환의 한 형태로 인식되기도
하지만 사실은 우리 일상 깊숙이 숨어 있는 감정과 행동의 습관이
기도 하다. 정해진 약속에 자꾸 늦는 습관, 건강을 해치는 줄 알면
서도 고집하는 행동, 성공을 앞두고 스스로 기회를 망치는 태도,
관계에서 지나치게 자신을 희생하는 습관 등 이 모든 것이 자기도

모르게 자신을 해치는 행위일 수 있다. 우리가 이를 인식하지 못하는 이유는 그 모습이 너무 익숙하기 때문이다.

대호 씨는 20대 중반의 휴학생이다. 처음 강의실 문을 열고 들어왔을 때부터 마지막 시간까지 지각이었다. 그는 원래 아침잠이 많아서 그렇다며 멋쩍게 웃었다. 더 큰 문제는 이 같은 지각이 단지 강의에만 국한되지 않았다는 점이다. 면접 당일 알람을 듣지 못해 중요한 아르바이트 기회를 놓쳤고, 몇 번은 일부러 늦은 척하고 문을 두드리지도 않았다. 건강도 좋지 않았다. 밤마다 라면에 탄산음료를 마시며 스트레스를 풀고, 운동은 체력이 좀 생기면 시작하겠다는 말을 되풀이했다. 위염이 반복되어 병원에서도 경고를 받았지만, 별일 아니라며 넘겼다.

사랑하는 사람에게도 마찬가지였다. 여자친구가 힘들다고 하면 모든 약속을 취소해 가며 달려갔다. 하지만 정작 자신이 힘들 때는 아무 말도 하지 않았다.

"제가 여자친구한테 짐이 되면 안 되니까요."

그는 그렇게 말하며 웃었다. 그러나 그 웃음 뒤에는 자기 자신을 향한 믿음의 결핍과 사랑받을 자격이 없다는 오래된 감정이 숨어 있었다.

자기파괴적 행동은 자기 처벌Self-Punishment, 긍정적 경험 회피Fear of Happiness/Success, 관계 내 자기희생Self-Sacrifice 등의 형태로 나타난다.

대호 씨에게서 이 세 가지를 모두 느낄 수 있었다. 자기 처벌은 과거의 실수나 죄책감 때문에 무의식적으로 자신을 처벌하는 방식으로 행동한다. 대호 씨는 학창 시절 자신이 실망을 줄 때마다 부모님께 "넌 왜 그것밖에 안 되니?"라는 말을 반복해서 들었다. 그 기억은 '나는 못난 사람'이라는 믿음으로 굳어졌고, 시간이 흘러도 쉽게 사라지지 않았다. 그는 중요한 발표일마다 지각했고, 열심히 준비한 면접 당일엔 갑자기 배탈이 나서 빠지거나 엉뚱한 이유로 포기했다. 우연이 아니라 마음 깊은 곳에서 자신은 그 기회를 가질 자격이 없다는 자기 인식이 작동한 결과였다. 그의 무의식은 실패함으로써 자신을 꾸짖고, 자격이 없음을 다시 증명하며 죄책감을 해소하려 했다. 그는 기회를 두려워한 것이 아니라 기회가 자신에게 어울리지 않는다고 믿었기 때문에 스스로 문을 닫았다. 대호 씨는 자신을 무능한 사람이라 여긴다. 그래서 기회가 와도 받을 자격이 없다는 심리적 신념이 기회를 스스로 밀어냈다.

긍정 경험 회피는 성공하거나 인정받을 때 오히려 불편함을 느끼고 행복을 스스로 방해한다. 이는 어린 시절 긍정적인 순간마다 실망이나 처벌이 뒤따랐던 경험과 연결된다. 행복이 오면 곧 잃을 것이라는 불안을 느끼게 되는 것이다. 대호 씨가 아르바이트를 하는 곳에서 좋은 평가를 받거나 무언가 일이 잘될 조짐을 보일 때마다 이상하게도 틀어졌다. 피드백이 좋으면 잠을 설쳤고, 누군가 자신에게 호의를 보이면 그다음엔 어김없이 어색하거나 실망스러운 장면이 뒤따랐다. 그는 "뭔가 잘 풀리면 꼭 안 좋은 일이 따라와요. 그냥 기대를 안 하는 게 마음 편해요"라고 말했다.

이는 단순한 징크스가 아니다. 행복과 불행이 세트로 엮여 버린 심리적 연합 바로 긍정 경험 회피다. 어린 시절, 칭찬받은 뒤 곧바로 엄격한 훈육이 이어졌거나 웃고 난 직후 집안 분위기가 싸늘해졌던 경험이 반복된 이들은 기쁨이나 성공을 위험한 것으로 학습하게 된다. 그래서 무의식적으로 좋은 일이 생기면 이건 오래가지 않고 곧 실망하게 될 것이라는 불안을 느끼면서 차라리 그 전에 스스로 무너뜨리는 선택을 한다.

관계에서의 자기희생은 사랑을 받기 위해 끊임없이 주고, 자신의 욕구를 억제하며 관계를 유지하려는 경향이다. 있는 그대로의 나는 사랑받을 수 없다는 내면의 확신에서 비롯된다. 대호 씨의 연애는 늘 "괜찮아, 나는 네가 힘들면 다 이해해"라는 말로 시작되곤 했다. 그는 연인의 부탁을 거절하지 못했고, 경제적으로 여유가 없음에도 선물이나 비용을 감당하느라 늘 허덕였다. 연인의 말투가 조금만 달라져도 먼저 사과했고, 사소한 다툼이 생기면 잘못했다고 습관적으로 말했다. 배려심 깊고 헌신적인 사람처럼 보였지만 내면에는 깊은 두려움이 있었다.

"저의 모든 걸 알고 나면 제 모습 그대로는 여자친구에게 사랑받을 수 없어요. 제가 더 잘해 주고 더 참고 이해해 주고 다 맞춰 줘야 해요. 저는 그게 좋고 편해요."

이 믿음은 그를 끊임없는 자기희생의 루프로 이끌었다. 하지만 그가 관계 안에서 자신의 욕구를 전혀 표현하지 못하고 억눌렀기에 감정은 쌓였고, 결국은 지쳐 떠나거나 의존과 분노의 경계에서 관계가 불안정해졌다. 이처럼 자기파괴적 성향은 무능함이나 게으름보다는 내면의 깊은 상처와 신념이 만든 방어기제인 경우가 많다. 대호 씨는 자기 삶을 무너뜨리고 싶어서 그런 것이 아니라 오히려 무너져 있던 자존감을 지키기 위해 익숙한 고통을 선택했던 것이다.

우리가 사랑한 문학 속 주인공들도 자기 자신을 괴롭히는 사람들이 있다. 그들은 완벽하지 않다는 사실을 도저히 견딜 수 없었기 때문에 그렇다. 도스토예프스키의 《죄와 벌》에서 라스콜리니코프는 자신을 비범한 인간이라고 믿고 살인을 저지르지만, 그 이후 무의식적으로 자신을 파괴해 간다. 그는 병든 듯 거리를 헤매고 사람들 앞에서 제 발로 자백하며 끝내 시베리아 유형까지 자초한다. 결국 스스로 처벌받아야 한다는 심리적 확신에 사로잡혀 자기 안의 죄책감을 현실로 끌어낸다. 라스콜리니코프는 법보다 먼저 자기 내면의 도덕 앞에서 무너진 인물이다.

《작은 아씨들》의 조 마치 역시 흥미롭다. 자립적이고 총명한 인물이지만, 사랑을 직면하지 못하고 자꾸 자신의 욕구를 높은 가치로 대체하려 한다. 그래서 사랑을 고백받고도 거절하고 끝내 외로움을 인정하지 못한 채 이상만 좇는다. 그 모습은 여성의 자기희생적 태도와도 겹친다. 자기 욕망을 억누르고 타인을 위해 헌신하는 태도가 사실은 내면의 상처에서 비롯되었을 수 있다.

이들은 모두 자신의 불완전함을 견디지 못해 차라리 먼저 무너뜨리자는 마음으로 자신을 파괴하는 선택을 한다. 더 이상 기대하지 않으면 실망도 없기 때문이다. 기대를 꺾는 방식으로 자기 자신을 보호하려는 아이러니한 전략인 셈이다. 그들은 사랑받고 싶으면서도 동시에 그 사랑이 무서웠다. 그리고 이 모든 이야기는 단지 소설 속 허구가 아니다. 우리의 감정, 무의식과 닿아 있다. 그래서 우리는 그런 캐릭터에 눈물 흘리며, 그들의 실패에 마음 쓰이고, 그들의 눈빛 속에서 나를 본다. 우리도 같은 감정의 스펙트럼 안에 있기 때문이다.

대호 씨는 이후 내가 진행하는 감정일기 강의도 신청해서 또 만날 수 있었다. 그는 여전히 지각을 하고 자신을 너무 몰아붙였다. 하지만 아주 조금 달라진 부분이 있었다.

"이제는 제가 그렇다는 것을 인지했어요. 그래서 내가 나를 괴롭히지 않으려고 노력하고 있어요. 솔직히 잘되지 않지만 계속 생각하고 알아가고 있어요."

그가 자기 자신을 마주하기 시작했다. 자기파괴는 때론 보호였다. 누군가에게 상처받지 않기 위해, 실패하지 않기 위해, 사랑받지 못할까 봐 먼저 포기해 버리는 방식이었다. 하지만 우리가 진짜로 나를 사랑하려고 한다면 더 이상 그 방식은 유효하지 않다.

이제는 나를 해치지 않기로 선택하는 용기가 필요하다. 진짜 성장은 타인의 칭찬보다도 내가 나에게 "그만 아프게 해도 돼"라고 말할 수 있을 때 시작된다. 그리고 이 자기파괴적 성향은 습관이나 의지 부족의 문제가 아니다. 타고난 정서적 기질과 과거의 경험이 맞물려 형성된 내면의 신념, 반복된 삶의 패턴이 쌓여 만들어진 심리적 구조다. 그러니 이제는 나를 비난하는 목소리를 억누르거나 외면하기보다 조용히 들여다보고 그 안에 숨은 상처와 두려움을 이해해 보자. 나를 아프게 하지 않겠다는 그 다짐이 진정한 회복의 시작이다. 내면의 비판자와 화해하는 순간, 우리는 비로소 나를 지키는 진짜 방법을 배워가게 된다.

칭찬인 줄 알았지?
교묘한 말의 칼날

인간관계에서 가장 당황스러운 순간은 명확한 말로 싸우지도 않았는데 마음이 묘하게 상했을 때다. 상대는 웃고 있고 대화는 겉보기엔 평온한데 듣고 나면 어딘가 찜찜하고 기분이 상한다. "그 얘기, 나보고 하라는 건가?" 싶은 말을 그럴 리 없을 거라며 넘겨보지만, 대화가 반복될수록 감정은 조용히 상처를 입는다. 이처럼 직접적인 언어보다 교묘한 말과 태도로 불편함을 유발하는 행동이 바로 수동공격성Passive-Aggressiveness이다.

수동공격성은 분노나 불만을 직접 드러내는 대신 회피하거나 뒤틀린 방식으로 표현하는 행위다. "화 안 났어"라며 입을 닫지만, 표정과 태도로 모든 걸 드러내고, "그럴게요"라고 말한 뒤 일부러

미루거나 대충 해 버린다. 문제는 이 행동이 관계 속에서 상대방을 지치게 만들고, 죄책감을 유도하며, 서서히 무력감을 심어 주는 방식으로 작동한다는 점이다. 겉으론 평화로워 보이지만 그 안엔 미묘한 정서적 저항이 흐른다.

이렇게 사람 사이의 갈등은 때로 말 한마디에서 시작된다. 분명 말투는 부드럽고 표현은 무난했지만, 이상하게 마음이 상한다. 어떤 말은 돌려 말했기 때문에 더 찔리고 어떤 표현은 칭찬인 듯 들렸지만, 기분은 묘하게 나쁘다. 직접적인 비난이나 공격이 아니기에 따지고 들기도 애매하고, 오히려 예민하게 받아들인 나 자신이 이상한 것 같기도 하다. 그런데 이런 말들, 은근히 자주 듣게 되지 않던가?

이런 간접적인 감정 표현은 그 사람의 정서적 기질과도 밀접하게 연결돼 있다. 특히 내면의 분노나 불만을 드러내는 데 익숙하지 않거나 갈등을 직면하는 게 두려운 사람일수록 감정을 삭이며 돌려서 표현하는 경향이 있다. 수동공격적 성향은 타고난 감정 처리 방식과 자라 온 환경, 억압된 표현 습관이 얽혀 만들어지는 심리적 패턴이다. 표면적으로는 순응하는 듯 보이지만 내면에서는 저항과 불만이 교묘하게 드러난다. 그리고 그 모순된 메시지는 결국 타인을 불편하게 하고, 관계를 지치게 만든다.

강의에서 수동공격 화법에 대해 이야기하던 중, 20대 수강생이

"아, 그거 요즘 말로 '돌려 까기' 아닌가요?"라고 말했다. 그러자 강의장 곳곳에서 고개를 끄덕이며 웃음이 터졌다. 수동공격 화법은 돌려서 말하지만, 결국 누군가를 찌르게 되는 말이다. 겉으론 친절해 보이고 아무 말도 아닌 척 넘어가는데 듣는 사람만 상처를 입는다.

최근에 내가 겪은 수동공격 화법은 이런 말이었다. 이 화법을 자주 사용하는 친구와 오랜만에 만났는데 내 생각이 났던 순간이 있었다며 얘기를 꺼냈다.

"송혜교가 영화 개봉하고 이십몇 년 만에 토크쇼에 나온다고 해서 봤거든. 그거 보는데 네 생각이 나더라. 송혜교가 말하는 거 들어보니까 참 내면이 단단하고 쉽게 흔들리지 않고 중심이 잡혀 있는 사람이라는 느낌을 받았어. 사회에서 어느 정도 자리 잡은 사람들의 자기 관리랄까. 그런 느낌이 너랑 비슷한 느낌이었어."

여기까지는 기분 나쁜 말이 없었고 오히려 칭찬 같았다. 그런데 이어진 얘기들이 묘하게 마음을 건드렸다.

"물론 송혜교랑 너랑 절대 외모적으로 닮은 건 아니잖아? 그런데도 그 뒤로 송혜교가 영화 홍보하러 여기저기 나오는데 송혜교를 볼 때마다 계속 네 생각이 나더라."

어쩌면 아무 의도 없이 툭 내뱉은 말일 수 있다. 하지만 듣는 입장에선 이 말이 칭찬인지 모욕인지 애매하고, 외모를 직접적으로 비하한 것도 아니니 따지는 것도 웃기다. 송혜교를 닮지 않았다고 해서 못생겼다는 건 아니지만, 그렇다고 저 말이 칭찬도 아니다. 수동공격 화법은 칭찬을 먼저 하고 교묘하게 모욕적인 말을 해서 돌아서면 기분 나쁜 뭔가가 있다. 말 한마디에 숨은 미묘한 공격성, 그것이 수동공격이다.

대학생 주희 씨가 강의 시간에 들려준 경험도 있다. 팀플을 준비하던 중 한 팀원이 계속 의견을 내지 않다가 나중에서야 "나는 머리가 안 좋아서 잘 못 따라가겠어. 너희가 똑똑하니까 잘하겠지"라고 말했다. 겉보기엔 자조적인 말처럼 들리지만 그 말 뒤에는 책임을 회피하면서도 상대방을 교묘하게 압박하는 메시지가 숨어 있다. "나는 못하니까 너희가 다 해"라는 식의 표현은 겸손이 아니라 팀원들의 부담을 증가시키고, 결국 피로감을 남긴다. 주희 씨는 "도와주고 싶은 마음이 생기다가 뭔가 이상하게 기운이 빠졌어요. 괜히 내가 나쁜 사람이 된 기분이었어요"라고 말했다.

이처럼 수동공격성은 상황을 부드럽게 넘기는 듯 보이지만, 그 안에 감정의 찌꺼기를 남긴다. 말보다 말하지 않은 태도와 감정이 더 큰 파장을 일으키는 순간이다.

수동공격적 성향의 기저에는 과거 경험과 정서적 성향이 깊숙이 자리 잡고 있다. 1940년대 후반 군대에서 처음 등장한 용어 수동공격은 명령 불응을 직접 표현할 수 없던 사람들의 간접적인 저항에서 비롯되었다. 수동공격적 행동은 심리적 방어기제의 일종이다. 정신분석학자들은 이를 표출되지 못한 분노의 간접적 표현이라고 말한다. 대표적 특징으로는 감정 부정과 비협조적 행동, 이중적 태도, 교묘한 모욕이 있다. '화 안 났어', '괜찮아'라며 자신도 감정을 인식하지 못한 채 회피하거나 요청을 수락한 척하지만, 일부러 늦게 하고 대충해서 결과를 망치는 경우가 이에 속한다. 또 표면적으론 예의 바르지만 속으로는 냉소와 저항을 품고 있고, "네 수준치고는 잘했어"와 같은 말로 자존심을 건드리는 칭찬 같은 비하가 수동공격이다.

수동공격적인 성향을 보이게 되는 데는 여러 심리적 배경이 작용한다. 분노 표현이 억제되고 자율성 추구가 저항에 부딪히며, 타인의 권위에 복종해야 하는 환경에서 성장한 사람들은 직접적인 방식보다 간접적인 방식으로 공격성을 표현하는 법을 배운다. 이때 수동적인 공격이야말로 자신에게 가장 덜 위험한 방식이라는 것을 무의식적으로 터득하게 되는 것이다. 또 다른 이론은 수동공격적인 사람들이 대체로 타인을 까다롭고 통제적인 존재로 인식하는 반면, 자신은 타인에게 쉽게 지배당한다고 느낀다는 점에 주목한다. 이런 인식 속에서 사람들은 직접적인 저항이나 표현 대신 자신이 할 수 있는 유일한 공격 방식으로 수동적 태도를 택하게 된다는 것이다.

이처럼 수동공격은 자기표현이 미숙한 사람들 특히 권위적 환경에서 자신의 감정을 눌러야 했던 경험이 있는 사람들에게서 자주 나타난다. 어린 시절 "기분 나쁘다고 말하면 안 돼", "말대꾸하지 마" 같은 말을 많이 듣고 자란 경험이 누적되면 감정을 표현하는 것이 위험하다는 신호로 학습되고, 성인이 된 이후에도 분노 대신 내면의 돌려차기를 선택하게 되는 것이다. 한때 '성질이 나쁜 우울증'이라고 불렸던 수동공격적인 사람들은 일반적으로 변덕스럽고 불만이 많으며 다른 사람에 대해 비판적이다. 자신을 피해자로 여기는 경향이 있고, 다른 사람들로부터 불운과 학대를 받는다고 느낀다. 대인 관계에서 그들은 의존성과 자기주장 사이의 건강한 균형을 찾지 못한다.

또한 수동공격은 타인에게만 향하는 것이 아니라 자기 자신에게 향하는 수동공격Self-Directed Passive Aggression 형태로도 나타날 수 있다. 독일의 정신건강 연구에서는 우울증 환자들이 스스로를 간접적으로 괴롭히는 수동공격적 행동이 다른 정신질환자보다 더 높게 나타났음을 밝혔고, 이러한 자기방향적 수동공격은 우울 증상과 인지 요인의 관계를 부분적으로 매개하는 역할을 하기도 했다. 이는 수동공격이 단순한 성격 문제가 아니라 내면 깊은 정서적 갈등과도 연결되어 있음을 보여 준다.

수동공격적 성향은 상대방을 혼란스럽게 만들고, 대화를 반복할수록 "이 사람이 왜 이러는지 모르겠다"는 감정적 피로감을 유발한다. 장기적으로는 갈등을 조율할 수 없는 사람, 책임을 회피하는 사람이라는 인식을 심어 관계 자체를 소진시키는 결과를 낳는다. 수동공격성은 외부를 향한 공격인 동시에 자기 감정을 숨기며 스스로를 고립시키는 방식이다. 돌려서 말하는 사람은 사실 자신도 감정을 솔직하게 드러내는 법을 모른다. 분노를 표현하면 거절당할까, 비난받을까 두려운 마음이 더 크기 때문이다. 그래서 대신 무표정한 얼굴, 냉소적인 말투, 무성의한 태도로 불만을 표현한다.

그러나 결국 이 방식은 자신도 지치고, 관계도 망가뜨리는 감정의 역습이 된다. 진짜 건강한 관계는 화를 내지 않는 관계가 아니라 화를 솔직하게 나눌 수 있는 관계다. 그리고 그 시작은 내가 내 감정을 직접적으로 들여다보는 연습에서 시작된다. 수동공격적인 태도를 멈춘다는 건 단지 싸우지 않겠다는 뜻이 아니다. 그보다는 감정 뒤에 숨어 있는 상처와 두려움을 정면으로 마주하겠다는 용기다. '그럴게요' 뒤에 숨겨진 마음을 말로 꺼내는 순간, 우리는 비로소 더 솔직하고 단단한 관계로 나아갈 수 있다.

감정의
수신 감도

　　　　초반에 언급했듯이 인간은 모두 다르다. 특히 감정의 파도처럼 밀려오는 일상에서 서로 다른 감정에 반응하는 방식은 관계의 변화를 만든다. 어떤 사람은 감정을 깊이 느끼고, 그 감정에 영향을 받아 하루하루가 다르게 변한다. 반면 어떤 사람은 감정을 거의 드러내지 않거나 감정의 폭이 비교적 좁고 일정하다. 사회적 민감성은 바로 이런 감정의 민감도와 관계에 대한 인식을 다루는 개념이다.
　　심리학에서 말하는 사회적 민감성은 타인의 감정이나 표정, 말투 같은 사회적 신호를 얼마나 잘 감지하고 반응하는지를 뜻한다. 이는 감정의 수신 감도라고 할 수 있다. 즉 사람마다 외부에서 오는 감정적 신호를 받아들이고 반응하는 정도가 다르다는 뜻이다. 어떤 사람은 아주 예민한 안테나처럼 미세한 감정의 변화도 쉽게 포착하지만, 다른 사람은 그 반응이 덜하거나 느릴 수 있다.

이 민감성은 대인 관계에서 중요한 역할을 한다. 민감도가 높은 사람은 타인의 감정에 빠르고 민감하게 반응하며, 그만큼 감정적 소진이 빠를 수도 있다. 반면 민감성이 낮은 사람은 상황을 흘려보내거나 크게 감정을 드러내지 않고 정서적 거리감을 유지하려는 경향이 있다. 하지만 이 차이는 성격 차이에 그치지 않는다. 심리학 연구에서도 사회적 민감성이 개인의 대인 관계 특히 친밀한 관계에서 중요한 변화를 일으킬 수 있다는 사실이 밝혀졌다. 심리학자 대커 켈트너Dacher Keltner와 제임스 그로스James Gross는 감정 표현과 사회적 상호작용을 연구한 결과, 사회적 민감성이 타인의 비언어적 신호인 눈빛, 표정, 목소리의 떨림 등에 얼마나 잘 반응하느냐를 결정짓는 중요한 요인이라고 밝혔다. 그들은 감정에 민감한 사람이 타인의 심리 상태를 더 깊이 공감하고 해석할 수 있으며, 이는 곧 친밀감 형성의 핵심 역량이 된다고 본다. 감정의 수신 감도가 높은 사람은 관계를 더 섬세하게 감지하고 반응할 수 있는 촉수를 가진 셈이다.

앳된 외모의 초등학교 교사 혜진 씨는 결혼 3년 차다. 혜진 씨는 평소 감정의 변동성이 크고 쉽게 감정 이입을 한다. 그래서 학생들의 소소한 이야기에 웃고 때로는 울컥한다. 학생의 사소한 말에도 감정이 흔들리고, 감정적인 여운이 하루 종일 지속되기도 한다.

"저는 감동적인 영화 한 편을 봐도 눈물이 뚝뚝 떨어지고, 반대로 개그 프로그램을 보면 한참을 웃고 나서야 다시 평온해져요. 남편은 그런 저를 처음엔 이해하기 어려워했어요. 왜 저렇게 울고 웃고 하는지, 그게 왜 중요하냐고 했거든요. 남편은 저와 완전히 반대예요. 무슨 일이 있어도 감정 반응이 별로 없고 크게 흔들리지도 않아요. 연애할 땐 제 감정을 알아차리지도 못하고, 감정 표현도 거의 없었어요. 그걸로 정말 많이 싸웠고요."

처음엔 두 사람의 민감성이 너무 달라서 서로를 이해하기까지 많은 시간과 경험이 필요했다. 그러나 지금은 점점 더 서로에게 필요한 존재가 되어 가고 있다. 남편은 혜진 씨의 감정을 지켜보며 너무 깊이 빠지지 않게 잡아 주는 역할을 하게 되었고, 혜진 씨 덕분에 작은 일에도 즐거워할 수 있는 법을 배우게 됐다. 서로가 서로에게 감정의 균형추가 된 것이다. 심리학자 수잔 케인Susan Cain은 《콰이어트(김우열 옮김, 알에이치코리아, 2012)》에서 말한다.

"감정은 세상을 느끼는 방식이고, 이것을 느끼는 방식의 다양성이 사회를 더 풍요롭게 만든다."

수진 씨 커플은 그 다름을 마주하며 각자의 방식으로 세상을 함께 감당해 나가는 중이다.

여기서 중요한 건 혜진 씨가 감정을 잘 표현하고 민감하게 반응하는 반면, 남편은 그것을 지지하고 조절해 주는 역할을 한다는 점이다. 감정의 균형이 맞춰지면서 두 사람은 서로의 부족한 부분을 채우고 있다. 상호 보완성처럼 서로 다른 성향의 사람들이 관계 속에서 점차 서로를 보완해 나가는 모습이다. 이처럼 감정의 수신 감도가 다른 사람들 간의 관계에서는 정서적 균형과 상호 보완이 중요한 역할을 한다. 사회심리학자 윌리엄 아이크스William Ickes는 사회적 민감성이란, 타인의 감정과 생각을 무언의 신호를 통해 얼마나 정확하게 읽어 낼 수 있는지를 의미한다고 했다. 그는 이 능력을 '마음 읽기'라고 표현했으며, 사회적 민감성이 높은 사람은 타인의 기분 변화를 빠르게 감지하고, 낮은 사람은 감정의 단서를 놓치기 쉽다고 설명했다.

혜진 씨의 동료 교사 은혜 씨는 두 살 연하의 남자친구와 연애 중이다. 은혜 씨의 남자친구는 감정이 매우 섬세하고 민감하다. 하루에도 여러 번 감정이 요동치며, 작은 일에도 쉽게 영향을 받고 오래 지속되는 편이다. 반면 은혜 씨는 감정의 변동이 거의 없다.

"연애 초반에는 제 남자친구가 저보다 어리니까 연하라서 이러나 싶었어요. 저는 연하 남자친구 처음 사귀거든요. 그치만 나이 차이가 크게 나는 것도 아닌데 이런 얘기까지 내가 들어줘야 하나 그런 생각도 들었어요. 직장에서 생긴 일로 힘들어하는데, 감정을 필요 이상으로 소비하는 느낌이랄까요. 좀 피로감이 몰려왔어요. 그래서 '너는 왜 그렇게 매일 감정을 느끼고만 사는 거야? 그냥 좀 차분하게 지내면 안 돼?'라고 했어요. 감정이 지나치다는 느낌을 자주 받았거든요. 남자친구는 제가 그런 말을 할 때마다 상처받았다면서 왜 저는 아무렇지도 않냐고 저 때문에 우울해졌다고 해요. 하…. 그럼 저는 듣기만 해도 기운이 쭉 빠져요."

그럴 때마다 은혜 씨에게 도움이 됐던 건 남자친구와 비슷한 기질의 동료 교사 혜진 씨였다. 민감성이 높은 사람에게 어떻게 해주면 안정을 찾을 수 있을지 종종 조언을 구했다. 그러던 어느 날 남자친구가 정서적으로 지쳐 있을 때, 은혜 씨는 조용히 그 옆에 앉아 다정히 말했다.

"그렇게 느낄 수 있겠다. 지금은 힘들겠지만, 네가 너무 우울해하면 내가 걱정되잖아. 네가 좀 더 편하게 생각했으면 좋겠어."

그 말은 남자친구에게 감정의 안식처 같았다. 은혜 씨는 처음으로 자신의 차분함이 남자친구를 진정시킬 수 있다는 걸 깨달았다. 심리학자 다니엘 골먼Daniel Goleman은 《EQ 감성지능(한창호 옮김, 웅진지식하우스, 2008)》에서 "감정적으로 민감한 사람은 타인과의 공감 능력이 뛰어나지만, 동시에 정서적 피로와 소진에도 취약하다"라고 말했다. 따라서 이들은 안정적이고 감정적으로 단단한 사람과 관계를 맺을 때 더 건강하게 자신의 민감성을 유지할 수 있다. 혜진 씨와 은혜 씨 커플은 서로 다른 감정의 리듬 속에서 자신에게 부족했던 방식을 배우고 있었다.

이 두 사례에서 볼 수 있듯이 사회적 민감성의 차이는 관계 역동의 핵심 요소다. 감정에 민감한 사람은 타인의 정서에 깊게 공감하지만 그만큼 감정의 기복에 휘둘릴 수 있고 정서적 소진이 빠르다. 이런 사람은 감정을 적절히 표현하고 상대방의 감정을 조절해 줄 수 있는 사람이 필요하다. 감정의 폭이 좁은 사람은 상대방의 감정을 깊이 이해하기 어려울 수 있지만, 감정을 표현하는 방식에서 상대방에게 안정감을 줄 수 있다. 이처럼 사회적 민감성이 다른 사람들 간의 관계에서 상호 보완을 이뤄 낼 수 있다는 점은 중요한 교훈을 준다.

관계에서 공감과 감정의 적정한 거리 두기는 서로 다른 성향을 지닌 사람들이 건강한 관계를 유지하는 핵심 요소임을 알 수 있다. 결국 진정한 공감은 서로의 감정을 이해하고 존중하는 데서 시작된다. 심리학에서는 이것을 정서적 상보성이라고 한다. 정신분석가 칼 융은 "나와 다른 특성이 있는 사람을 만날 때 우리는 자신의 그림자와도 조우하게 된다"라고 말했다. 이 말처럼 관계란 다름을 품는 연습이며, 감정이란 서로의 세계를 통역하는 언어다. 감정의 수신 감도는 사람마다 다르다. 그러나 달라서 우리는 서로를 주의 깊게 바라보게 되고, 바로 그 감도의 차이에서 더욱 깊고 단단한 관계가 만들어진다.

마음의 탯줄을
끊어야 할 때

탯줄은 생명을 이어 주는 가장 강력한 연결고리다. 그러나 아기가 세상에 나오려면 반드시 끊어야 하는 것이기도 하다. 인간은 신체적인 탯줄을 끊고 세상에 나오지만, 어쩌면 평생토록 마음의 탯줄을 매달고 사는 건 아닌지 생각해 볼 필요가 있다. 우리는 어느 정도 타인에게 의존하며 관계 속에서 살아간다. 타인에게 필요한 사람이 되는 것은 자연스러운 일이기도 하고, 때로는 사랑의 표현이기도 하다. 그러나 어떤 사람들은 자신의 존재감을 타인이 필요로 하는 존재로서 확인하려고 하며, 이는 지나치게 의존하거나 상대방이 지나치게 의존하게 만드는 관계로 이어질 수 있다. 이러한 관계는 비정상적인 균형을 초래하게 된다.

특히 기질적으로 타인의 평가나 반응에 민감한 사람들은 이러한 경향이 더 강하게 나타난다. 공동의존은 상대방에게 필요한 사람이 됨으로써 자기 존재 가치를 느끼고, 이로 인해 상대가 지나치게 의존하게 되는 상태를 말한다. '공의존', '동반의존'으로도 번역된다. 이런 상태는 개인의 기질적 특성에 의해 심화할 수 있다. 예를 들어 타인에게 맞추려는 기질이 강한 사람은 자신이 상대에게 없어서는 안 될 존재라는 감정에 의존하게 되고, 시간이 지남에 따라 이것은 큰 심리적 부담으로 변할 수 있다.

공동의존의 핵심은 내가 상대에게 도움을 주지 않으면 내가 존재하지 않는 것 같다는 감정이다. 이런 의존적인 관계는 당사자에게 심리적인 불안감을 주며 때로는 고립감을 느끼게 한다. 의존에서 벗어나려는 노력은 자아를 되찾는 과정이 되지만 문제는 그 고리가 너무 단단히 묶여 있어 이 과정을 극복하기 어렵다는 점이다.

기질은 우리가 세상을 어떻게 경험하고 반응하는지에 대한 중요한 지표다. 인간관계에서 나타나는 패턴에도 큰 영향을 미친다. 공동의존은 기질적 특성에 의해 강화될 수 있다. 지나치게 타인의 기대에 부응하려 하거나 타인의 요구를 우선시하는 성향이 강할수록 자신만의 삶을 구축하기보다는 타인의 삶에 자신을 맞추게 되기 때문이다. 그렇다면 기질적으로 의존적인 성향이 강한 사람은 어떻게 자신을 지킬 수 있을까?

30대 중반의 지선 씨는 평생 엄마의 보호 아래에서 자랐다. 엄마는 항상 지선 씨에게 모든 것을 제공하고, 자신의 보호 아래 살기를 원했다. 결과적으로 지선 씨는 엄마에게 의존하며 사는 것이 익숙해졌고, 자신이 무엇인가를 스스로 하는 경험을 해 본 적이 거의 없었다. 대학에서 만난 지금의 남편은 "너는 아무것도 하지 말고 오빠한테 다 맡겨"라며 모든 것을 대신해 주는 사람이었다. 처음에는 남편의 배려가 편하고 고마웠지만, 점점 남편의 의존을 요구하는 태도에 마음이 무겁고, 자신이 무엇을 할 수 있는지에 대한 자신감을 잃게 되었다. 지선 씨는 주위 친구들처럼 자유롭게 무언가를 할 수 없는 자신을 발견하기 시작했고 자기 삶을 잃어 갔다.

결혼 후 7년, 지선 씨는 이제 스스로는 아무것도 하지 못하는 사람이 되어 버렸다. 매일 남편이 출근하면 하루 종일 무의미하게 시간을 보내며 남편이 퇴근하고 돌아오기만을 기다렸다. 남편은 퇴근 후에는 저녁 식사를 직접 준비할 정도로 지선 씨에게 요리와 집안일도 거의 요구하지 않았다. 처음엔 자신이 다 감당할 수 있을 거라고 생각했던 남편도 조금씩 현실을 직시하기 시작했다. 자기 혼자 경제 활동과 집안일을 모두 떠안고 있었고, 혹시 아이라도 생기면 감당하지 못할 것 같은 두려움에 휩싸이기 시작했다. 남편은 처음과 달리 점점 지치기 시작했고, 이혼을 요구하여 결혼 생활이 끝나게 되었다. 남편은 지선 씨를 대신해 모든 것을 떠맡다 보니 결국 정서적, 육체적으로 고갈되어 버린 것이다.

"엄마도 그렇고 남편도 저보고 아무것도 하지 말라고 해서 아무것도 하지 않았더니 정말 아무것도 못하는 바보가 돼 버렸어요. 이제 혼자서 뭘 하면서 어떻게 살아야 할지 모르겠어요. 너무 두려워요."

지선 씨는 혼자 지내는 시간을 견딜 수 없어서 다시 엄마와 함께 살며 엄마에게 의존하게 되었다. 스스로 남편이 해 주는 대로 살아왔다는 사실을 받아들이는 동시에 또다시 어머니에게 의존하는 삶으로 돌아가게 된 것이다. 지선 씨의 사례는 공동의존의 전형적인 패턴을 보여 준다. 이 경우 자아 발달의 결여가 주요한 문제다. 지선 씨는 어린 시절부터 부모에게 과도하게 의존하며 자아를 형성하는 데 실패했다. 아마도 지선 씨는 자아존중감을 형성하는 데 필요한 자율성을 경험하지 못했을 것이다. 어릴 적부터 부모의 보호 아래서 자라다 보니 자신만의 능력을 발휘하는 법을 배우지 못했다.

이러한 현상은 대상 관계 이론과도 깊은 연관이 있다. 대상 관계 이론은 자신이 경험한 초기 대인 관계를 바탕으로 내적 이미지를 형성하고, 그 이미지가 후에 다른 사람들과의 관계에 영향을 미친다고 설명한다. 그녀의 내적 이미지에 중요한 영향을 미친 것은 엄마와의 관계다. 어린 시절 엄마가 모든 것을 대신해 주었고, 그녀는 스스로 무엇을 할 수 있다는 믿음을 갖지 못했다. 지선 씨는 엄마와의 관계에서 나는 무능력하고, 엄마가 나를 돌봐야 한다는 내적 이미지를 형성했을 것이다. 이 이미지는 결국 결혼 후 남편과의 관계에도 영향을 미쳤고, 자신을 잃고 의존적인 존재로 남게 했다.

지선 씨가 겪은 공동의존은 어린 시절의 부모-자녀 관계에서 형성된 무능력한 자아 이미지가 결혼 후에도 반복되는 방식으로 나타났다. 이는 다른 사람에게 의존하는 방식을 택함으로써 스스로를 지키려는 본능적인 행동이다. 스위스의 정신분석학자이자 심리학자 앨리스 밀러Alice Miller는 부모의 과도한 기대나 학대, 무시가 아이에게 미치는 심리적 영향을 연구하면서 이를 통해 공동의존과 자아 발달을 이해하게 되었다. 부모의 기대와 아이의 자아 발달 사이의 관계를 연구한 결과, 어린 시절 부모의 과도한 보호나 압박이 아이가 성인이 되어 자아를 상실하게 되고, 자아의 왜곡과 자기애의 결핍이 성인이 된 후 타인에게 의존하는 성격으로 변할 수 있다고 설명했다.

특히 완벽주의 부모 밑에서 자란 아이들은 성인이 되어서도 자기 자신을 찾기 어렵다. 아이는 부모의 기대에 맞추기 위해 노력하면서 자신의 욕구와 감정을 억제하게 되고, 나중에 성인이 되어 자아가 왜곡된 상태로 살아간다. 아이는 부모의 기대에 부응하기 위해 자신의 진짜 감정을 억누르며, 이것이 자아의 결핍으로 이어지게 된다. 앨리스 밀러는 부모가 자녀에게 강요하는 완벽함이 결국 자녀의 정체성 혼란을 불러일으킨다고 주장했다.

지선 씨는 어린 시절부터 엄마의 과도한 보호와 완벽하게 하지 못할 거면 아예 하지 말라는 환경에서 자랐다. 엄마는 지선 씨가 스스로 할 수 있는 일이 거의 없도록 했고, 그로 인해 지선 씨는 자기 능력에 대한 신뢰를 쌓을 기회를 얻지 못했다. 앨리스 밀러는 부모가 아이에게 자아를 형성할 기회를 박탈하고 완벽한 자아상을 강요할 때, 아이는 자신의 진짜 욕구와 감정을 억누르며 성장한다고 설명했다. 지선 씨 역시 자기만의 욕구보다는 엄마의 기대에 맞추는 방식으로 자아를 형성해 왔고, 그 결과 자기 자신을 느끼고 표현하는 법을 배울 수 없었다.

엄마의 과도한 보호는 지선 씨에게 자립을 방해하는 환경을 제공했고, 지선 씨는 스스로를 무능력한 존재로 인식하게 되었다. 이는 지선 씨가 자아 발달에서 겪은 중요한 결여로 자기효능감의 결핍을 초래했고, 결국 성인이 되어 남편과의 관계에서도 똑같은 패턴을 반복하게 되었다. 남편의 배려와 과도한 보호는 지선 씨에게 자기 독립성을 상실하게 했고, 그녀는 자아를 찾을 수 없는 상태로 방황하고 있었다.

지선 씨의 사례에서 우리는 공동의존이 그 사람의 내적 자아 이미지와 자기 존재감을 형성하는 데 실패한 결과임을 알 수 있다. 어린 시절부터 자아를 발달시킬 기회를 얻지 못한 지선 씨는 자신의 진정한 모습을 발견하지 못한 채 타인에게 의존하는 방식으로 자신을 지탱하려 했다. 이는 부모의 과도한 보호와 기대 속에서 자아를 형성할 기회를 빼앗긴 결과이며, 성인이 된 이후에도 자아 불안정성과 자기 의존성을 극복하기 어려운 상황으로 이어졌다.

지선 씨의 남편은 타인의 필요를 채워 주며 자신의 존재 가치를 느끼려는 마음에서 공동의존이 비롯되는데, 타인을 통해 채우려 했던 내면의 공허함과 인정받고 싶은 갈망을 스스로 채우려는 의지가 필요하다. 지선 씨와 남편 두 사람 모두 이제는 외부의 기대와 요구가 아닌 내면에서 자기 자신을 회복하려는 의지를 다지며 각자의 길을 걸어가야 한다. 이 과정은 서로에게 의존하지 않고, 독립적인 자아를 찾기 위한 시간이 될 것이다.

우리는 누구나 타인과 관계를 맺고 살아가지만, 그 관계가 자신을 잃게 하는 방식이 되어서는 안 된다. 자기 자신을 지키고, 스스로 자립할 수 있는 힘을 기를 때 진정한 행복과 안정된 삶으로 이어질 수 있다. 공동의존에서 벗어나려면 자신의 가치와 능력을 인정하면서 타인과의 관계에서 내가 해도 되고, 하지 않아도 되는 자유를 경험하는 것이 중요하다. 또 자신의 기질을 이해하고, 타인과의 관계에서 자율성을 키우는 노력이 필요하다. 진정한 독립은 경제적인 독립뿐 아니라 정서적인 독립도 병행되어야 하며, 타인에게 의존하지 않고 자기 내면에서 비롯되는 힘으로 살아가는 길임을 기억해야 한다.

탯줄이 생명을 이어 주는 필수적인 연결고리이듯 공동의존 관계 역시 한때는 서로에게 안정감을 주는 연결이었을 수 있다. 그러나 탯줄을 끊어야만 비로소 온전한 하나의 생명체로 설 수 있듯이 마음의 탯줄을 끊는다는 것은 건강한 정서적 독립을 통해 진정한 '나'를 만나는 필수적인 과정이다. 이제 당신의 내면에서 비롯되는 힘으로 스스로 호흡하고 자기 삶을 온전히 채워 나갈 시간이다.

보통의 사람들에게 인생에서 가장 중요한 것은
자신을 받아들이는 법을 배우는 것이다.
For ondinary people, the most important lesson in
life is to learn to accept oneself.

- 칼 구스타브 융 Carl Gustav Jung

에필로그

당신이 돌아갈 집을 찾아서

한 학기 강의를 마치는 마지막 시간에 나는 늘 수강생들에게 이런 질문을 던지곤 한다.

"강의 끝나면 어디로 가세요?"

"친구 만나러 가요."

"운동하러 가요."

"밥 먹으러 가요."

"저는 3교대라서 일하러 갑니다."

"인스타에서 본 예쁜 카페 가 보려고요."

다들 자신만의 일상을 보내기 위한 계획이 있다.

"그러고 나서는 어디로 가세요?"라고 물으면, 수강생들은 당연하다는 듯 "집으로 가야죠"라고 대답한다.

"만약 집이 없다면 오늘 일과가 끝나고 어디로 가시겠어요?"라고 묻는 순간, 강의실은 잠시 적막에 휩싸인다.

"집이 없다 그러시니까 갑자기 머리가 하얘져서 어디로 가야 할지 모르겠는데요."

"친구 집으로 갈래요."

"잔소리는 싫지만, 부모님 댁으로 가야죠."

"찜질방이나 호텔에 가야겠죠."

"재워 줄 사람을 찾아 여기저기 연락해 봐야 할 것 같아요"라는 답변이 들렸다.

"물리적인 집이 없다면 우리는 일과가 끝나고 매일 방황할 수밖에 없겠죠. 좋든 싫든 마음에 들든 들지 않든 집이 있기에 고민하지 않고 일과가 끝나면 집으로 가지만 만약에 집이 없다면 어디를 가야 할지 매번 고민하고 찾아야 하니까요. 돌아갈 집이 있기에 하루의 끝에 방황하지 않을 수 있습니다. 그렇다면 여러분에게는 심리적인 집이 있으신가요?"

〈기질로 보는 심리학〉은 심리적인 집을 찾아가는 여정이었다. 심리적인 집은 우리의 내면이 편안하게 쉴 수 있는 공간이자 세상의 어떤 파도에도 휩쓸리지 않는 단단한 안식처. 그런데 심리적인 집이 없는 사람들은 무너질지도 모르는 불안감 속에서 살아간다. 이들은 늘 다른 사람의 평가에 흔들리고, 사소한 감정 변화에도 크게 동요한다. 심지어 자신이 누구인지, 무엇을 원하는지조차 알지 못해 끊임없이 타인의 삶을 맴돌다 길을 잃을 때도 있다. 누군가의 심리적인 집은 튼튼하고 안정적이어서 큰 흔들림이 없을지도 모른다. 하지만 어떤 이들은 불안정하고 위태로워 무너지기 직전일 수도 있다.

심리적인 집을 짓기 위한 가장 중요한 주춧돌은 바로 기질을 이해하는 것이다. 기질은 우리가 태어날 때부터 가지고 태어나는 고유한 마음의 설계도와 같다. 이 설계도를 알아야 나에게 맞는 재료로 튼튼한 집을 지을 수 있다. 자신의 기질을 아는 것은 내가 누구인지, 무엇을 원하고 어떤 것에 안정감을 느끼며, 어떤 것에 민감하고 상처받는지를 파악하는 일이다. 이는 곧 나를 위한 심리적인 집의 기초를 단단히 다지는 것과 같다.

영화 〈굿 윌 헌팅(1998)〉의 주인공 윌 헌팅은 천재적인 두뇌를 가졌지만, 어린 시절의 상처로 마음의 문을 굳게 닫은 채 살아간다. 그의 마음에는 돌아갈 집이 없었다. 그러던 그가 심리학 교수 숀 맥과이어를 만나 자기 내면을 들여다보고, 과거의 상처를 직면하며 비로소 자신의 진짜 모습을 깨닫게 된다. "네 잘못이 아니야(It's not your fault.)"라는 숀의 따뜻한 한마디는 윌의 무너진 마음에 새로운 주춧돌을 놓는 계기가 되었다. 윌은 마침내 내면의 집을 짓기 시작하고, 타인의 기대가 아닌 자신만의 길을 찾아 떠날 용기를 얻는다. 자신이 유일하게 할 수 있는 일은 본연의 기질을 인정하고,

그 모습 그대로 자연스럽게 살아가는 것뿐이니까.

심리적인 집은 한순간에 지어지지 않는다. 윌 헌팅처럼 스스로의 내면을 탐색하는 노력이 필요하고, 부모, 친구, 연인, 배우자 등 친밀한 사람들의 도움과 지지가 더해질 때 비로소 완성될 수 있다. 그리고 한 번 지었다고 영원히 단단하게 남아 있는 것도 아니다.

누군가는 어릴 때부터 안정적인 정서를 토대로 탄탄한 집을 지을 수 있을지 모르지만, 대부분 사람은 그렇지 않다. 때로는 쌓아 올리던 벽이 중간에 무너지고, 겨우 지붕을 얹었나 싶으면 금세 비바람에 휩쓸리기도 한다. 중요한 건 그 무너짐이 끝이 아니라는 사실이다.

삶은 결국 그런 집을 다시 고치고 새롭게 짓고, 필요하면 더 튼튼한 자재로 리모델링해 가는 과정이다. 나 자신의 끈기 있는 노력과 타인의 온기 있는 도움의 손길로 우리는 마음의 집을 몇 번이고 다시 세워갈 수 있다.

돌아갈 집이 있다는 건 단지 '정착'을 뜻하는 것만은 아니다. 그곳은 언제든 다시 시작할 수 있다는 용기의 기반이고, 나라는 사람을 더 깊이 이해하고 품을 수 있는 장소다. 〈기질로 보는 심리학〉을 덮는 지금, 당신의 심리적인 집은 어떤 모습인가? 당신의 심리적인 집이 완벽할 필요는 없다. 조금은 낡고, 어딘가는 삐걱거려도 괜찮다. 기억해야 할 것은 그 집을 당신이 알고 있고, 필요할 때 스스로 문을 열고 들어갈 수 있다는 것이다. 이 책이 당신의 마음속에 견고한 집을 짓는 데 작은 벽돌 하나가 되었기를 바란다. 그리고 부디 앞으로의 여정에서 더 이상 방황하지 않고, 언제나 돌아갈 심리적인 집이 있는 당신이 되기를 진심으로 응원한다.

참고 자료

- Ainsworth, M. D. S., & Bell, S. M. (1970). Attachment, exploration, and separation: Illustrated by the behavior of one-year-olds in a strange situation. Child development, 49-67.
- Alperin, B. R., Gustafsson, H., Smith, C., & Karalunas, S. L. (2017). The relationship between early and late event-related potentials and temperament in adolescents with and without ADHD. PloS one, 12(7), e0180627.
- Angier, N. (2009). In pain and joy of envy, the brain may play a role. The New York Times.
- Aron, E. N. (2013). The highly sensitive person: How to thrive when the world overwhelms you. Kensington Publishing Corp.
- Aronson, E., Willerman, B., & Floyd, J. (1966). The effect of a pratfall on increasing interpersonal attractiveness. Psychonomic Science, 4(6), 227-228.
- Badiye, A., Kathane, P., & Krishan, K. (2020). Forensic gait analysis.
- Baryła-Matejczuk, M., Porzak, R., & Poleszak, W. (2022). HSPS-10—Short

Version of the Highly Sensitive Person Scale for Students Aged 12–25 Years. International Journal of Environmental Research and Public Health, 19(23), 15775.
- Benjamin, L.S. (1993). Interpersonal diagnosis and treatment of personality disorders. New York: Guilford.
- Bhasin, M. K., Dusek, J. A., Chang, B. H., Joseph, M. G., Denninger, J. W., Fricchione, G. L., ... & Libermann, T. A. (2013). Relaxation response induces temporal transcriptome changes in energy metabolism, insulin secretion and inflammatory pathways. PloS one, 8(5), e62817.
- Blackford, J. U., Avery, S. N., Cowan, R. L., Shelton, R. C., & Zald, D. H. (2011). Sustained amygdala response to both novel and newly familiar faces characterizes inhibited temperament. Social cognitive and affective neuroscience, 6(5), 621-629.
- Blandin, K. (2013). Temperament and typology. Journal of Analytical Psychology, 58(1), 118-136.
- Bond, F. W., Hayes, S. C., & Barnes-Holmes, D. (2013). Psychological flexibility, ACT, and organizational behavior. In Acceptance and mindfulness at work (pp. 25-54). Routledge.
- Bowlby, J. (1979). The bowlby-ainsworth attachment theory. Behavioral and brain sciences, 2(4), 637-638.
- Bretherton, I., Munholland, K. A., Cassidy, J., & Shaver, P. R. (2008). Internal working models in attachment relationships. Cassidy, J.
- Bouchrika, I., Goffredo, M., Carter, J., & Nixon, M. (2011). On using gait in forensic biometrics. Journal of forensic sciences, 56(4), 882-889.
- Bronfenbrenner, U. (2000). Ecological systems theory. American Psychological Association.
- Brown, B. (2022). The gifts of imperfection: Let go of who you think you're supposed to be and embrace who you are. Simon and Schuster.
- Bryant-Lees, K. B., & LaHuis, D. M. (2022). Clarifying personality measurement in industrial-organizational psychology: The utility of item response tree models.

Personality and Individual Differences, 187, 111410.
- Caballero, A., Granberg, R., & Tseng, K. Y. (2016). Mechanisms contributing to prefrontal cortex maturation during adolescence. Neuroscience & Biobehavioral Reviews, 70, 4-12.
- Caouette, J. E., & Price, C. E. (2018). The moral psychology of compassion. Rowman & Littlefield.
- Carver, C. S., & White, T. L. (1994). Behavioral inhibition, behavioral activation, and affective responses to impending reward and punishment: the BIS/BAS scales. Journal of personality and social psychology, 67(2), 319.
- Cicchetti, D., & Cohen, D. J. (Eds.). (1995). Developmental psychopathology. J. Wiley.
- Clauss, J. A., Avery, S. N., & Blackford, J. U. (2015). The nature of individual differences in inhibited temperament and risk for psychiatric disease: A review and meta-analysis. Progress in neurobiology, 127, 23-45.
- Crisp, R. (Ed.). (2014). Aristotle: Nicomachean Ethics. Cambridge University Press.
- Deci, E. L., & Ryan, R. M. (1985). The general causality orientations scale: Self-determination in personality. Journal of research in personality, 19(2), 109-134.
- Deci, E. L., & Ryan, R. M. (1985). Conceptualizations of intrinsic motivation and self-determination. In Intrinsic motivation and self-determination in human behavior (pp. 11-40). Boston, MA: Springer US.
- de Vel Palumbo, M., Woodyatt, L., & Wenzel, M. (2018). Why do we self punish? Perceptions of the motives and impact of self punishment outside the laboratory. European Journal of Social Psychology, 48(6), 756-768.
- Dores, A. R., Peixoto, M., Fernandes, C., Marques, A., & Barbosa, F. (2025, January). The Effects of Social Feedback Through the "Like" Feature on Brain Activity: A Systematic Review. In Healthcare (Vol. 13, No. 1, p. 89). MDPI.
- Dunn, E. W., Aknin, L. B., & Norton, M. I. (2014). Prosocial spending and happiness: Using money to benefit others pays off. Current directions in psychological science, 23(1), 41-47.

- Edwards, J. R., & Shipp, A. J. (2007). The relationship between person-environment fit and outcomes: An integrative theoretical framework.
- Edwards, J. R. (1991). Person-job fit: A conceptual integration, literature review, and methodological critique. John Wiley & Sons.
- Favaretto, E., Gögele, M., Bedani, F., Hicks, A. A., Erfurth, A., Perugi, G., ... & Melotti, R. (2022). Pain sensitivity is modulated by affective temperament: results from the population-based CHRIS affective disorder (CHRIS-AD) study. Journal of Affective Disorders, 316, 209-216.
- Festinger, L. (1957). Social comparison theory. Selective Exposure Theory, 16(401), 3.
- Flanagan, L. M. (2008). Object relations theory. Inside out and outside in: Psychodynamic clinical theory and psychopathology in contemporary multicultural contexts, 2(2), 121-160.
- Forsyth, D. R. (2008). Self-serving bias.
- Frost, R. O., Marten, P., Lahart, C., & Rosenblate, R. (1990). The dimensions of perfectionism. Cognitive therapy and research, 14(5), 449-468.
- Garcia, D., Lester, N., Cloninger, K. M., & Robert Cloninger, C. (2020). Temperament and character inventory (TCI). In Encyclopedia of personality and individual differences (pp. 5408-5410). Springer, Cham.
- Garrett, N., Lazzaro, S. C., Ariely, D., & Sharot, T. (2016). The brain adapts to dishonesty. Nature neuroscience, 19(12), 1727-1732.
- Gmehlin, D., Fuermaier, A. B., Walther, S., Tucha, L., Koerts, J., Lange, K. W., ... & Aschenbrenner, S. (2016). Attentional lapses of adults with attention deficit hyperactivity disorder in tasks of sustained attention. Archives of Clinical Neuropsychology, 31(4), 343-357.
- Goleman, D., & Boyatzis, R. (2017). Emotional intelligence has 12 elements. Which do you need to work on. Harvard business review, 84(2), 1-5.
- Grant, A., & Dutton, J. (2012). Beneficiary or Benefactor: Are People More Prosocial When They Reflect on Receiving or Giving?. Psychological Science, 23(9), 1033-1039.

- Greven, C. U., Lionetti, F., Booth, C., Aron, E. N., Fox, E., Schendan, H. E., ... & Homberg, J. (2019). Sensory processing sensitivity in the context of environmental sensitivity: A critical review and development of research agenda. Neuroscience & Biobehavioral Reviews, 98, 287-305.
- Hofstede, G. (2001). Culture's consequences: Comparing values, behaviors, institutions and organizations across nations. Sage publications.
- Honeyman, J. F. (2016). Psychoneuroimmunology and the Skin. Acta dermatovenereologica, 96, 38-46.
- Hopwood, C. J., Morey, L. C., Markowitz, J. C., Pinto, A., Skodol, A. E., Gunderson, J. G., ... & Sanislow, C. A. (2009). The construct validity of passive-aggressive personality disorder. Psychiatry: Interpersonal and Biological Processes, 72(3), 256-267.
- Ickes, W. (1997). Empathic accuracy. New York: Guilford Press.
- Jagiellowicz, J., Aron, A., & Aron, E. N. (2016). Relationship between the temperament trait of sensory processing sensitivity and emotional reactivity. Social Behavior and Personality: an international journal, 44(2), 185-199.
- Joshanloo, M. (2024). What have we learned about fear of happiness? A review of a decade of empirical research. Current Psychology, 43(43), 33420-33434.
- Kagan, J. (1997). In the beginning: The contribution of temperament to personality development. Modern Psychoanalysis, 22(2), 145-155.
- Kagan, J. (1997). Temperament and the reactions to unfamiliarity. Child development, 68(1), 139-143.
- Keller, J. E., & Keating, L. C. (2014). Aesop's fables: with a life of Aesop. University Press of Kentucky.
- Keltner, D., & Gross, J. J. (1999). Functional accounts of emotions. Cognition & Emotion, 13(5), 467-480.
- Kluft, N., Bruijn, S. M., Luu, M. J., Dieën, J. H. V., Carpenter, M. G., & Pijnappels, M. (2020). The influence of postural threat on strategy selection in a stepping-down paradigm. Scientific Reports, 10(1), 10815.
- Kristof, A. L. (1996). Person organization fit: An integrative review of its

conceptualizations, measurement, and implications. Personnel psychology, 49(1), 1-49.
- Kristinsdóttir, K. H., Gylfason, H. F., & Sigurvinsdóttir, R. S. (2021). Narcissism and social media: The role of communal narcissism. International Journal of Environmental Research and Public Health, 18(19), Article 10106.
- Kristof Brown, A. L., Zimmerman, R. D., & Johnson, E. C. (2005). Consequences OF INDIVIDUALS'FIT at work: A meta analysis OF person–job, person–organization, person–group, and person–supervisor fit. Personnel psychology, 58(2), 281-342.
- Kruger, J., & Dunning, D. (1999). Journal of Personality and Social Psychology. Unskilled and unaware of it: How difficulties in recognizing one's own incompetence lead to inflated self-assessments, 77(6), 1121-1134.
- Latifzadeh, S., Zarea, K., Komaili-Sani, H., & Fereidooni-Moghadam, M. A qualitative study of the experience of touching betrayal and the strategies chosen by the betrayed person.
- Lazarus, R. S., & Folkman, S. (1984). Stress, appraisal, and coping. Springer publishing company.
- Lishani, A. O., Boubchir, L., Khalifa, E., & Bouridane, A. (2019). Human gait recognition using GEI-based local multi-scale feature descriptors. Multimedia Tools and Applications, 78(5), 5715-5730.
- Ludwig, V. U., Berry, B., Cai, J. Y., Chen, N. M., Crone, D. L., & Platt, M. L. (2022). The impact of disclosing emotions on ratings of interpersonal closeness, warmth, competence, and leadership ability. Frontiers in Psychology, 13, 989826.
- Matsumoto, D., & Hwang, H. S. (2012). Nonverbal communication: The messages of emotion, action, space, and silence. In The Routledge handbook of language and intercultural communication (pp. 146-163). Routledge.
- McCann, J. T. (1988). Passive-aggressive personality disorder: A review. Journal of personality disorders, 2(2), 170-179.
- Meng, S. (2025). Social Anxiety Creates Negative Autobiographical Memory

Bias Through Attention Biases and Self-Schemas. International Journal of High School Research, 7(5).
- Miller, A. (2008). The drama of the gifted child: The search for the true self. Basic Books.
- Panconesi, E., & Hautmann, G. (2003). Stress and emotions in skin diseases. In Psychocutaneous medicine, 57-80. CRC Press.
- Pennebaker, J. W. (1997). Writing about emotional experiences as a therapeutic process. Psychological science, 8(3), 162-166.
- Pinho, A., Céspedes Izquierdo, V., Lindström, B., & van den Bos, W. (2024). Youths' sensitivity to social media feedback: A computational account. Science Advances, 10(43), eadp8775.
- Pretzer, J. L., & Beck, A. T. (1996). A cognitive theory of personality disorders. Major theories of personality disorder, 36-105.
- Pychyl, T. A., & Sirois, F. M. (2016). Procrastination, emotion regulation, and well-being. In Procrastination, health, and well-being (pp. 163-188). Academic Press.
- Revankar, R. R., Revankar, N. R., Balogh, E. A., Patel, H. A., Kaplan, S. G., & Feldman, S. R. (2022). Cognitive behavior therapy as dermatological treatment: a narrative review. International Journal of Women's Dermatology, 8(4), e068.
- Rodriguez Mosquera, P. M., Parrott, W. G., & Hurtado de Mendoza, A. (2010). I fear your envy, I rejoice in your coveting: On the ambivalent experience of being envied by others. Journal of personality and social psychology, 99(5), 842.
- Rogers, C. R. (1995). What understanding and acceptance mean to me. Journal of Humanistic Psychology, 35(4), 7-22.
- Rubin, K. H., Burgess, K. B., & Hastings, P. D. (2002). Stability and social–behavioral consequences of toddlers' inhibited temperament and parenting behaviors. Child development, 73(2), 483-495.
- Saudino, K. J. (2005). Behavioral genetics and child temperament. Journal of developmental and behavioral pediatrics: JDBP, 26(3), 214.
- Schanz, C. G., Equit, M., Schäfer, S. K., & Michael, T. (2022). Self-directed

- passive-aggressive behaviour as an essential component of depression: findings from two cross-sectional observational studies. BMC psychiatry, 22(1), 200.
- Sherman, L. E., Greenfield, P. M., Hernandez, L. M., & Dapretto, M. (2018). Peer influence via Instagram: Effects on brain and behavior in adolescence and young adulthood. Child Development, 89(1), 37–47.
- Sherman, L. E., Payton, A. A., Hernandez, L. M., Greenfield, P. M., & Dapretto, M. (2016). The power of the "like" in adolescence: Effects of peer influence on neural and behavioral responses to social media. Psychological Science, 27(7), 1027–1035.
- Schore, J. R., & Schore, A. N. (2008). Modern attachment theory: The central role of affect regulation in development and treatment. Clinical social work journal, 36(1), 9-20.
- Schwartz, C. E., Wright, C. I., Shin, L. M., Kagan, J., & Rauch, S. L. (2003). Inhibited and uninhibited infants" grown up": adult amygdalar response to novelty. Science, 300(5627), 1952-1953.
- Schwartz, R. C. (1999). The internal family systems model. The plural self: Multiplicity in everyday life, 238-253.
- Shaver, P. R., & Mikulincer, M. (2007). Adult attachment strategies and the regulation of emotion. Handbook of emotion regulation, 446, 465.
- Simpson, J. A., Kim, J. S., Fillo, J., Ickes, W., Rholes, W. S., Oriña, M. M., & Winterheld, H. A. (2011). Attachment and the management of empathic accuracy in relationship-threatening situations. Personality and Social Psychology Bulletin, 37(2), 242-254.
- Soenens, B., & Vansteenkiste, M. (2005). Antecedents and outcomes of self-determination in 3 life domains: The role of parents' and teachers' autonomy support. Journal of youth and adolescence, 34(6), 589-604.
- Stapel-Wax, J. L. (2011). Autonomy versus shame and doubt. In Encyclopedia of Child Behavior and Development (pp. 189-190). Springer, Boston, MA.
- Steel, P. (2007). The nature of procrastination: a meta-analytic and theoretical

review of quintessential self-regulatory failure. Psychological bulletin, 133(1), 65.
- Sternberg, R. J. (1986). A triangular theory of love. Psychological review, 93(2), 119.
- Swann, W. B., & Snyder, M. (1980). On translating beliefs into action: Theories of ability and their application in an instructional setting. Journal of Personality and Social Psychology, 38(6), 879.
- Sznaider, N. (2001). The compassionate temperament: care and cruelty in modern society. Rowman & Littlefield Publishers.
- Tesser, A. (1988). Toward a self-evaluation maintenance model of social behavior. In Advances in experimental social psychology (Vol. 21, pp. 181-227). Academic Press.
- Thomas, A., & Chess, S. (1981). The role of temperament in the contributions of individuals to their development. Individuals as producers of their development: A life-span perspective, 231-255.
- Tillich, P. (2008). The courage to be. Yale University Press.
- Tversky, A., & Kahneman, D. (1992). Advances in prospect theory: Cumulative representation of uncertainty. Journal of Risk and uncertainty, 5(4), 297-323.
- Yosopov, L., Saklofske, D. H., Smith, M. M., Flett, G. L., & Hewitt, P. L. (2024). Failure sensitivity in perfectionism and procrastination: Fear of failure and overgeneralization of failure as mediators of traits and cognitions. Journal of Psychoeducational Assessment, 42(6), 705-724.
- Van Beveren, M. L., Kuppens, S., Hankin, B., & Braet, C. (2019). Because you had a bad day: General and daily relations between reactive temperament, emotion regulation, and depressive symptoms in youth. PloS one, 14(10), e0224126.
- Van Mastrigt, N. M., Celie, K., Mieremet, A. L., Ruifrok, A. C., & Geradts, Z. (2018). Critical review of the use and scientific basis of forensic gait analysis. Forensic sciences research, 3(3), 183-193.
- V uková, M., Ptá ek, R., D cht renko, F., Raboch, J., Anders, M., & Goetz,

M. (2022). Validity of the Czech Translation of the Adult Attention-Deficit/Hyperactivity Disorder (ADHD) Self-Report Scale (ASRS). Frontiers in Psychology, 13.
- Veziroglu-Celik, M. (2022). The moderating effect of parenting stress on temperament and social competence in early childhood. Current Psychology, 1-14.
- Whitehouse, H. (2018). Dying for the group: Towards a general theory of extreme self-sacrifice. Behavioral and Brain Sciences, 41, e192.
- Wickens, C. D. (2014). The structure of attentional resources. In Attention and performance VIII (pp. 239-257). Psychology Press.
- Winnicott, D. W. (2018). Ego distortion in terms of true and false self. In The person who is me (pp. 7-22). Routledge.
- Wyatt, J. L., Aydemir, A., Brenner, M., Hanheide, M., Hawes, N., Jensfelt, P., ... & Sko aj, D. (2010). Self-understanding and self-extension: A systems and representational approach. IEEE Transactions on Autonomous Mental Development, 2(4), 282-303.
- Zuckerman, M. (2012). Models of adult temperament. Handbook of temperament, 41-66.
- Zhang, Y., Folarin, A. A., Sun, S., Cummins, N., Vairavan, S., Qian, L., ... & RADAR-CNS Consortium. (2022). Associations between depression symptom severity and daily-life gait characteristics derived from long-term acceleration signals in real-world settings: retrospective analysis. JMIR mHealth and uHealth, 10(10), e40667.

가족 사이, 나아가 조직, 사회적 맥락까지 아우르며

주어진 환경과 맞지 않아 힘들어하는 이들에게

자기 비난 대신 관용을 가질 수 있는 용기를 전하고 있기에

이 책을 집어 들었다. 그리고 담대하게 추천한다.

관계와 삶을 바꾸는
기질 심리학

펴낸날 초판 1쇄 2025년 9월 30일

지은이 조연주

펴낸이 강진수
편 집 김은숙, 우정인
디자인 이재원

인 쇄 (주)사피엔스컬쳐

펴낸곳 (주)북스고 **출판등록** 제2024-000055호 2024년 7월 17일
주 소 서울시 서대문구 서소문로 27, 2층 214호
전 화 (02) 6403-0042   **팩 스** (02) 6499-1053

ⓒ 조연주 2025

- 이 책은 저작권법에 따라 보호를 받는 저작물이므로 무단 전재와 무단 복제를 금지하며,
  이 책 내용의 전부 또는 일부를 이용하려면 반드시 저작권자와 (주)북스고의 서면 동의를 받아야 합니다.
- 책값은 뒤표지에 있습니다. 잘못된 책은 바꾸어 드립니다.

ISBN 979-11-6760-112-4 03180

책 출간을 원하시는 분은 이메일 booksgo@naver.com으로 간단한 개요와 취지, 연락처 등을 보내주세요.
Booksgo는 건강하고 행복한 삶을 위한 가치 있는 콘텐츠를 만듭니다.